은혜를 긷다

당신이 하나님을 더 깊이 알아 가고 더 널리 알리는 사람이 되는 것, 이 책에 담긴 예수전도단의 마음입니다. 말씀을 통해 저자가 깨닫고, 원고를 통해 저희가 누릴 수 있었던 그 감동이 책을 통해 당신에게도 전해지기 원합니다. 그리고 당신을 통해 그 기쁨과 은혜가 더 많은 이들에게 계속해서 흘러가기를 기도하겠습니다. 이 책을 통해 당신이 받은 은혜를 다른 분들에게도 나눠 주십시오. 사랑하고 축복합니다.

ⓒ 윤호균, 2017

본 저작물의 저작권은 도서출판 예수전도단에 있습니다.
저작권법에 의해 보호받는 저작물이므로 무단 전재와 복제를 금합니다.

은혜를 긷다

윤호균 지음

와웸퍼블

여는 글

　나이가 들면서 특별할 것 없는 매일의 일상이 계속 이어지고 있습니다. 젊은 날에는 하루에도 몇 번씩 꿈의 한 자락을 현실에 펼쳐 보이기도 하고, 숨이 차올라 가슴이 타들어 가는 고통을 느낄 만큼 달려보기도 하면서 그렇게 지냈습니다.
　또 한 해가 가고 더해질 때마다 안정이란 단어가 어느새 제 삶 깊숙이 자리를 잡아 갑니다. 그리고 자꾸 잃어가는 것만 하나둘씩 늘어가며 괜스레 나태한 저 자신이 마냥 무겁게 느껴졌습니다.
　아마도 그런 이유였던 것 같습니다. 일상의 소소함이라도 글로 적어 남겨보자고 생각한 것이 말입니다. 그렇다고 저는 글을 그리 잘 쓰는 편이 아닙니다. 또 문학적인 견해가 그리 있는 사람도 아닙니다. 그리 큰 그릇도 되지 못하여 소소한 일상의 갈등이나 어려움을 여느 위인처럼 그렇게 잘 넘기는 사람도 아닙니다. 일반 사람들처럼 상처 받고, 낙심하며, 절망이란 터널에 갇히기도 합니다. 또 작은 것에서 기쁨을 발견하기도 하고 작은 감동에 한껏 설레 잠을 설치기도 합니다.

　어쩌면 목회자라는 이름 속에 그런 나약함을 감추는 것이 더 큰 은혜일 수 있습니다. 하지만 넘어지고 다시 일어서는 모습을 보이는 것 또한 한계적 인성을 지닌 공동체의 일원이 가지는 의무라는 생각이 들었습니다.

　남편의 이름으로, 아버지의 이름으로, 할아버지의 이름으로 그리고 목회자의 이름으로 살아가며 소소하게 맞이하는 바람을 그저 담담히 적어내려 간 일기와 같은 글들을 여기에 모았습니다. 이 책이 여러분에게 작은 위로와 가벼운 미소로 다가설 수 있기를 바랍니다.

윤호균
화광교회 담임목사

차
례

여는 글 4

1부 포근한 사랑의 은혜

새해 다짐 11 / 초심 14 / 당연한 사랑 16 / 향기 18 / 외로움 20 / 팝콘 나무 22
마주하기 24 / 아름다운 변신 26 / 신뢰 28 / 중간자 30 / 첫사랑 33
길을 묻는 젊음에게 35 / 아이의 가르침 38 / 하나님은 내 편 40 / 나약함 42
정지선 45 / 선한 빛 48 / 도(道)를 아십니까? 50 / 아름드리나무 52 / 견주기 55
핏줄 57 / 하나님이 필요합니다 60 / 신호 62 / Reality 65

2부 열렬한 위로의 은혜

찬바람 69 / 답은 하나 71 / 십자가 앞에서 73 / 손가락 75 / 생각의 전환 78
모래알 80 / 주신감(主信感) 82 / 낮은 자의 예수 85 / 뜸 들이는 시간 88
하나님은 다 아신다 91 / 막다른 길 94 / 가난 96 / 쉼표 찍기 99 / 위장색 101
희생과 양보 104 / 한 건만 터지면 107 / 그리 아니하실지라도 110
살아야 합니다 113 / 맛있는 밥 116 / 고백 119 / 고난이 유익 122
내일을 준비하는 마음 124 / 걱정 보따리 126 / 오직 기도뿐 129

3부 시원한 행복의 은혜

작심삼일 135 / 첫 마음 137 / 행복 139 / 관심 141 / 사랑 전문점 143
둥지 본능 146 / 99.9 퍼센트 vs 0.1 퍼센트 148 / 혼자가 아니에요 151
사랑공식 153 / 기도 응답 155 / 기준선 157 / 보석들 159 / 나의 목자 161
저 푸른 초원 위에 163 / 하늘에 계신 우리 아버지 166 / 추수할 때 169
노력한 자의 몫 172 / 시선 174 / 낯선 곳 177 / 충만과 감사 180
온전히 매이는 것 182 / 열매 184 / 그들만의 하나님 186 / 공허함 189

4부 순백한 소명의 은혜

오직 한 가지 193 / 업데이트 196 / 금메달 199 / 봄봄봄 201 / 목숨 203
성장통 205 / 인면수심(人面獸心) 208 / 먼지 바람 210 / 예수 공인인증서 213
순종의 깜냥 215 / 손수짜기 하나님 217 / 어깨동무 219 / K-POP 222
모험심 224 / 꿈만 꾸는 사람 227 / 껍데기 신앙인 230 / 양면성 232
조화(調和) 234 / 무감각 236 / 나만의 경주 239 / 결정의 기준점 241
본질의 중요성 244 / 살아내는가? 살아가고 있는가? 247 / 이중생활 250

포근한 사랑의 은혜

01

계절이 바뀔 때마다 사람들은 습관처럼 대청소를 한다. 아마도 그간 묵었던 먼지를 털어내고 따스한 햇살 속에 만물이 소생하는 봄처럼 새롭게 시작하고 싶어서일 것이다. 이처럼 우리 심령 또한 봄 햇살보다 밝고 따스한 예수님의 사랑 안에서 깨끗이 정돈되고 향기로운 믿음의 그릇이 되기를 간절히 소망한다.

새해 다짐

．．．．．．．．．．．．．．

　새해를 맞이할 때면 우리는 새롭게 다짐을 한다. 나도 그렇다. 남녀노소를 막론하고 많은 사람이 새해를 맞는 다짐 중에 아마도 다이어트라는 개인의 목표를 적어놓았을 것이다.

　언젠가 다이어트에 도움이 될 것 같은 재미있는 기사를 읽은 적이 있다. 우리의 뇌가 공복을 느끼게 되면 더 많이 먹도록 하는 식욕 호르몬이 생긴다는 것이다. 그래서 음식을 섭취하도록 명령을 내린다고 한다. 그런데 포만감을 느끼게 되더라도 그만 먹도록 하는 호르몬은 작용하지 않고, 오히려 더 많이 먹도록 유도한다는 것이다. 이는 수백만 년 전부터, 먹을 것이 곧 생존의 문제로 연결되던 그 시절의 본능이 세대를 걸쳐 유전되어 내려온 것이라고 한다. 먹을 수 있을 때 많이 먹어둬야 한다는 본능이 지금 우리 몸속에 작용하고 있다는 것이다.

　이 기사를 보면서 조금 웃기기도 하고 흥미롭기도 했다. 운동을 하며 이 내용에 비춰 우리의 영적 생활을 대입해 보았다.

우리는 어쩔 수 없이 죄성을 갖고 있다. 그리고 우리는 하나님의 은혜를 알고 조금 더 순결하고자, 조금 더 나아지고자 노력한다. 자신만의 다짐을 하기도 하고, 하나님과 다양한 관계를 맺고 그분의 역사하심에 따라 육신의 약함을 넘어서는 단계로 향하기도 한다. 하지만 그 모든 과정 가운데에도 우리의 죄성은 자꾸 우리를 잡고 끈질기게 넘어뜨리려 한다.

어떤 이들은 은혜가 충만해 이렇게 간증하기도 한다.

"저는 더는 이 세상 사람이 아닙니다. 이제 하나님만 바라보고 하나님만 위해 살아갈 것입니다."

하지만 우리가 이 모든 은혜로 감사를 고백할 때 꼭 알아야 할 것이 하나 있다. 우리 안에는 어쩔 수 없는 본능과 죄성이 존재한다는 사실이다. 그리고 우리는 이것을 경계해야 한다.

이 말은 우리에게 있는 한계성을 인정하라는 것이다. 이 한계성을 자각하는 것이 점차 희미해져 갈수록 우리는 더 교만해지기 때문이다. 먹을 수 있을 때 많이 먹어두라고 하는 본능이 작용하는 것처럼 우리의 죄성은, 그리고 우리를 방해하는 세력들은 우리를 절대 가만두지 않는다.

우리의 한계성을 알고 담담히 받아들이는 것은 본능과 죄성에서 자신을 지킬 수 있는 힘이 된다.

먹성에 대한 본능을 알았다면, 우리는 포만감 이후에 찾아오는 음식에 대한 욕구를 자제할 수 있을 것이다. 죄성에 대한 우리의 한계성을 안다면, 한없는 은혜와 축복 속에서도 오직 하나님의 테두리 안에서만 이 모든 것이 가능함도 인정할 수 있다. 또한 교만이란 테두리와 허울 속에 빠지지 않을 수 있다.

반복되는 평범한 일상 속에 우리의 새로운 다짐들이 조금씩 다시 무너지고, 그 무너짐이 또 아무렇지 않은 일상의 모습이 되어 버리지 않도록 조금 더 이겨내고, 조금 더 옷깃을 여미는 시간이 필요하다.

초심
....

사람들은 누구나 첫 마음의 설렘과 열정을 잊지 못한다. 세월이 지날수록 그 '첫 마음'을 더 회복하고 싶어 한다. 초심(初心) 말이다!

많은 그리스도인이 '주님을 처음 만난 그때의 감격'을 첫사랑으로 기억하며 이야기한다. 많은 설교자도 말씀을 통해 초심으로 돌아갈 것을 말한다. 나 또한 첫 마음을 회복하고, 첫사랑을 회복하라고 말씀을 전한다. 하지만 지금은 그 첫 마음, 주님을 처음 만난 그때가 과연 있었는지에 대해 묻게 된다.

여전히 많은 그리스도인이 문제에 직면하고 상처를 받으면 주님을 찾는다. 절박한 심정으로 구원자 앞에 나오는 것이다. 그리고 그 과정 속에서 문제의 해결을 떠나 하나님의 위로하심과 인도하심을 통해 하나님의 사랑을 다시 확인하고 은혜 안에서 살겠다는 고백을 한다.

하지만 안타깝게도 말씀과 기도보다 넘쳐나는 각종 기독교 문화와 흥밋거리들이 아프고 상처 받은 사람들과 절박한 사람들의 감성을 먼저 건드린다. 물론 기독교 문화가 잘못되었다고 타박하는 것은 아니다. 문제는 영성으로 치유받고 위로받아야 할 이들이 감성으로 자신의 상처를 위로받고, 그것이 진정한 그리스도와의 첫 만남이라고 믿는다는 사실이다. 그래서 삶의 고난이 닥치면 자꾸 중심을 놓치고 하나님 앞에 나오기보다 세상의 위로를 찾는 것이다.

하나님과 만났던 그 처음 시간을 떠올려 보라. 그리고 그 첫 마음이 내가 믿고 싶은 바람이었는지, 내가 숨고 싶었던 피난처였는지, 진정한 하나님과의 만남이었는지에 대해 점검할 필요가 있다.

초심!

하나님과 진정한 접촉점이 있는 사람은 헤매지만 주 안에 있으며, 넘어지더라도 다시 일어설 수 있고, 다치더라도 회복되는 은혜를 누릴 수 있다.

초심이 없다고 결코 낙심하지 마라. 내가 가진 것이 없다면 구하면 된다. 나의 약함을 고백하며 구할 때 하나님은 강함으로 응답해 주신다.

당연한 사랑

대부분의 사랑은 상대적이다. 일방적인 사랑도, 당연한 사랑도 없다. 우리가 하는 대부분의 사랑은 주고받는 사랑이다.

내 마음이 전해지면 돌아오는 감사와 따스한 교감, 사랑이 전해질 때 돌아오는 사랑하는 이의 행복한 모습. 눈에 보이지 않지만 하나의 원칙이 되어 관계 속에서 계속 이어진다. 하지만 이 원칙에서 벗어나게 되면 갈등이 드러나고 다툼이 생긴다.

한쪽이 한쪽으로 치우치고 감정이 단절되어 골을 만들고, 그 속에 상처라는 이물질이 생기고, 원망이란 어둠이 깔리게 되는 것이다. 이런 감정의 골 때문에 어떤 이들은 절교를 생각하고, 또 어떤 이들은 자책한다. 또 다른 이들은 온갖 부정적인 말로 상대방에게 깊은 상처를 주며 자신의 위안을 삼기도 한다.

하지만 이런 감정적 반응이 좋지 않은 결과를 가져올 것을 우리는 이미 알고 있다. 그렇다면 우리는 관계 속에서 어떻게 반응하는 것이 좋은가?

많은 갈등과 관계의 틀어짐을 조언해 주고 조정하면서 경험으로 얻은 답은 당연한 사랑으로 반응하는 것이다. 우리가 값없이 받은 무한의 사랑으로 당연히 사랑해야 한다. 계산 없이, 자존심을 내려놓고, 상대방을 왜곡하거나 재해석하지 말고, 있는 모습 그대로를 마음에 받아들이면 된다.

하나님도 죄인을 그 모습 그대로 사랑해주셨다. 우리는 주인의 손에서 내쳐지지도 않았고, 아프지도 않았음을 기억해야 한다.

사랑은 흘러가야 한다. 값없이 받은 사랑을 주면서 대가를 기대하면 안 된다. 내 자존심과 내 이익을 계산하며, 전하고 실천할 수 있는 사랑은 없다.

우리에게는 당연한 사랑, 당연한 내려놓음이 필요하다. 당연히 먼저 손을 내밀어야 한다. 어쩌면 바보처럼 손해 보고 살아가는 것이 그리스도의 사랑을 전하는 또 하나의 방법일 것이다.

향기

 언제부터인가 서재에서 퀴퀴한 곰팡이 냄새가 코끝을 자극했다. 아내와 함께 몇 번이나 대청소를 하고 환기를 시켜보았지만 냄새에서 자유롭지 못했다. 급기야 딸아이들까지 동원하여 다시 청소를 하고 환기를 한 그때만 잠시 괜찮을 뿐 퀴퀴한 냄새가 사라지지 않아 이래저래 신경이 거슬렸다.

 설교 메모를 하고 있는데, 손주 녀석이 놀러왔는지 현관에 들어서는 소리가 들렸다. 반가운 마음에 일어서다 볼펜이 그만 데구루루 책상 뒤편으로 굴러가 버렸다. 내가 아끼는 볼펜이라 그것을 찾기 위해 사위를 불러 책상을 옮겼다. 순간 '헉' 하고 놀랐다. 거기엔 거의 화석처럼 굳은 가래떡이 놓여있었다. 앞에 조금 떼어 먹은 잇자국이 있는 것으로 보아 아마도 손주 녀석들이 방에서 놀며 가래떡을 먹다가 책상 뒤편으로 던져 놓은 것 같았다.

 곰팡이로 가득한 가래떡을 치우는 아내와 딸의 부산한 모습을 보며 나는 괜스레 속이 후련함을 느꼈다. 냄새의 원인을 찾아 제

거했으니 이제 찝찝함이 사라지고 마음이 개운해졌다. 미안한 듯 방문턱에 서서 내내 지켜보던 손주 녀석을 안고 한참을 웃고 떠들며 즐거운 시간을 보냈다.

아이들이 돌아가고 다시 서재에 돌아왔는데 냄새가 확실히 나지 않았다. 개운한 마음으로 앉아 설교를 준비하다가 문득 우리의 심령에 생각이 머물렀다.

우리는 축복과 응답이라는 단어에 신앙생활을 집중한다. 그래서 응답되지 않은 것과 받지 못한 복만 이야기한다. 하지만 그 전에 우리가 먼저 해야 할 일이 있다. 우리 속에 치워야 할 것들에 좀 더 집중해야 한다는 것이다. 우리 안에 해결되지 않은 죄의 문제가 남아 있는 한, 우리는 그리스도의 향기가 아닌 세상의 냄새와 죄의 검은 향을 풍기게 될 것이기 때문이다. 어떤 이들은 복에만 관심을 갖는다. 어떤 이들은 진노의 하나님만을 기억하며 거기에 눌려 자신의 과거와 죄의식에 여전히 빠져 있다. 그래서 건강하고 균형 있는 영적 생활을 유지하는 것이 더 중요하다.

계절이 바뀔 때마다 사람들은 습관처럼 대청소를 한다. 아마도 그간 묵었던 먼지를 털어내고 따스한 햇살 속에 만물이 소생하는 봄처럼 새롭게 시작하고 싶어서일 것이다.

이처럼 우리 심령 또한 봄 햇살보다 밝고 따스한 예수님의 사랑 안에서 깨끗이 정돈되고 향기로운 믿음의 그릇이 되기를 간절히 소망한다.

외로움

신문을 읽다가 아주 신기한 단어를 발견했다. '먹방'이다. 사람들이 자기가 음식을 먹는 모습을 인터넷 방송을 통해 익명의 다른 사람들에게 보여주기도 하고, 유명 연예인들이 음식을 먹으면서 하는 방송을 말한다.

신기한 것은 자신과 친분이 없는 사람들이 음식을 먹고 평가하는 것을 전문적으로 보여주는 인터넷 방송도 있다는 것이다. 모르는 사람이 족발, 치킨 등을 배달시켜 먹는 모습을 컴퓨터 모니터 앞에서 보고 있는 사람이 많이 있다는 사실이다. 아직은 가상 공간이 익숙하지 않은 우리 또래에게는 그것이 뭐 그리 즐겁고 볼 만한 것인지 의구심도 들지만 먹방이 대세인 요즘 세대들에게는 먹는 것도 재미있고, 흥밋거리인 것 같다.

그러고 보니, 많은 대중매체에서도 어디가 맛있고, 어디가 유명하고, 맛의 비결은 무엇인지 소개하고 있다. 사람들은 맛집을 평가하고, 쉬는 날이면 전국으로 입맛을 돋우는 음식을 찾아다닌

다. 음식점에서는 나온 음식을 먹기 전에 너나 할 것 없이 사진을 찍는다. 그런 모습을 볼 때 이 시대를 사는 사람들에게 먹는다는 것은 생존을 위한 의식이 아니라 행복과 여유로운 삶, 즉 삶의 질과 관계가 있어 보인다.

옛날 가족은 거의 대부분이 대가족이었다. 한 집에 삼 대가 함께 살며, 한 상에 둘러앉아 밥을 먹고 담소를 나누는 장면이 흔했다. 그러나 어느 때부터 드라마의 한 장면으로만 여겼던 핵가족이 되었고, 어느새 외로움이 우리 삶의 일상이 되었다. 그리고 그 외로움은 다시 삶의 한 패턴으로 자리 잡아 혼자 모든 것을 해결하고, 마주하고 밥을 먹는 상대를 컴퓨터로 대체하기에 이르렀다. 또 여흥과 취미의 전문화로 외로움이란 단어가 우리의 몸과 마음에 익숙해졌다.

우리는 이 외로움을 통해 하나님을 만나야 한다. 외로움에 익숙해지기 위해 노력하고 버둥댈 것이 아니라, 그 외로움을 통해 나의 친구이며 위로자이신 예수님을 만나야 한다. 이 세상 그 어떤 외로움도 하나님 없이는 채워질 수 없다. 그것이 법칙이고 진리이다. 우리의 외로움을 무엇으로 채울까 고민할 그때에 가만히 내 안에 외로움을 주시고, 그 외로움의 길에서 함께 걷자고 내미시는 그 손을 잡자.

팝콘 나무

집회를 인도하기 위해 열심히 가고 있는데 손주 녀석에게 전화가 왔다.

"할아버지, 나무에 팝콘이 달렸어요. 집에 갈 때 나무를 꼭 보세요."

제 엄마가 전화기를 전해 받고는 아이가 벚꽃을 이야기하는 것이라고 했다. 손주 녀석의 말처럼 아파트 입구는 벚꽃이 지천으로 피었다. 너도 나도 행복한 웃음을 짓고, 유모차를 밀고, 팔짱을 끼고 벚꽃나무 아래를 산책하는 모습은 보는 사람마저 행복한 미소를 머금게 한다.

추위가 아직은 머물러 있는 이른 봄, 거짓말처럼 활짝 피었다가 아직 그 행복이 사라지기 전, 금세 꽃비로 변해 버린 벚꽃은 보는 이들마다 감상에 젖게 한다.

운동하러 가는 길을 조금 돌아서 벚꽃이 활짝 핀 곳으로 발걸음을 옮겼다. 오가는 사람들의 낮지만 행복한 웃음소리와 은은한

가로등 불빛이 봄날의 나른함을 잊게 하고 발걸음을 가볍게 해주었다. 그 순간 내 마음속에서 한마디 고백이 들렸다.

'주여, 언제 오시나요?'

예전에는 힘들고 외로울 때 드렸던 고백이었는데 요즘은 행복한 순간에 불쑥 튀어나온다. 하나님의 숨결 같이 살랑살랑 부는 보드라운 봄바람에 나풀나풀 흩날리는 꽃비를 맞으며 주책없이 눈물이 자꾸 흘러내려 서둘러 발걸음을 재촉했다.

우리는 단 한 순간도 하나님 없이 살아본 적이 없는 사람이다. 잠깐 피었다가 지는 벚꽃에도 이렇게 가슴 뛰고 설레는데, 우리의 흔들림과 상관없이 언제나 묵묵히 변함없이 사랑하시는 하나님의 사랑은 우리를 얼마나 더 많이 감동하게 하는가? 얼마나 더 기쁘게 하는가?

꽃비를 맞으며, 시시때때로 베푸시는 그 사랑에 감격하고 감사에 가슴이 저려온다. 하나님을 감히 아버지라 부르고, 그 품에 맘껏 안길 수 있음이 얼마나 감사한지. 흩날리는 벚꽃의 향연 속을 거닐며 이렇게 고백했다.

"나의 주, 나의 사랑, 나의 아버지. 언제 오시럽니까?"

마주하기
....

"제가 하나님을 열심히 믿고 싶은데요. 어떻게 해야 하죠?"
이렇게 말하는 분들을 가끔 만난다.

하나님을 향한 첫사랑에 흠뻑 빠져 어떻게 살지를 고민하는 분들의 모습을 보면 나의 그 시절이 오롯이 떠오른다. 무엇이든 하고 싶고, 무엇이든 할 수 있을 것 같았다.

그 열정과 숨 가쁜 사랑의 고백에 대해 이야기를 나누며 그분들의 속도를 조금 늦추도록 도와준다.

"난 이제 이 세상 사람이 아니라 하나님의 사람이니까. 더는 예전과 같이 살 수는 없다."며 텔레비전도 보지 않고, 온 가족에게도 같은 기준을 지키라고 하는 것도 어찌 보면 나의 잣대이고 나의 욕심일 수 있기 때문이다. 물론 경건하게 사는 것과 소중한 것을 지키는 것은 좋다. 하지만 처음부터 선을 긋고 울타리를 치기보다는 나의 것을 먼저 내려놓는 것이 더 큰 숙제이고 시급한 것이다.

이 세상에서 나를 가장 잘 아는 사람은 바로 '나'다. 하지만 사람들 대부분은 자신의 약한 곳과 창피한 모습은 일부러 못 본 척, 없는 척한다. 그것을 마주할 수 있는 힘이 바로 예수 그리스도를 아는 것이다.

마주하라! 내 속에 숨어 나의 경건을 무너뜨리고, 평안함을 뒤흔드는 숨기고 싶었던 어둠과 마주하라. 빛 가운데 거하기 이전에 우리는 너무 약하여 어둠을 피하기에 급급했다. 하지만 이제는 예수 그리스도가 나의 아버지시고, 나의 주인이시다.

무언가를 하려는 노력보다, 하지 못하는 것에 대한 실망과 낙담보다 현재 내가 무엇을 내려놓고, 무엇을 버려야 하는지를 먼저 생각하라. 그리스도 안에서 옳다함을 얻을 것에 집중하라.

경건의 삶은 우리 안에 하나님의 성전이 아름답게 세워지고, 그 안에 은혜의 찬양이 넘칠 때, 일부러 보이려고 노력하지 않아도 자연스레 우리의 표정 속에 담겨 전해지는 것이기 때문이다.

하나님을 향한 첫사랑의 애타는 열정이 오래도록 지속되어 신앙생활 가운데 아름답게 꽃 피우고 풍성한 열매 맺기를 간절히 소망한다.

아름다운 변신

영국 빅토리아 여왕 시대의 일이다.

국무에 바빠 짜증이 나 있던 빅토리아 여왕과 그 남편 앨버트 경이 사소한 일로 다투었다. 그 후 집무실로 돌아와 있던 빅토리아 여왕은 자신이 잘못했다는 생각에 화해를 청하려고 남편이 있는 방을 찾았다. 그녀는 잠겨있는 문을 두드렸다.

"누구시오?" 하는 소리가 안에서 들렸다.

"영국 여왕입니다."

빅토리아 여왕은 한참을 기다려도 문이 열리지 않자 화가 나서 다시 돌아갔다. 시간이 더 흐른 다음, 빅토리아 여왕은 또 남편을 찾아갔다. 좀 전과 같은 상황이 반복되었고, 빅토리아 여왕은 남편이 문을 열지 않는 이유를 한참 생각하게 되었다.

빅토리아 여왕은 또 다시 남편을 찾아가 문을 두드렸다.

"누구시오?"

빅토리아 여왕은 대답했다.

"당신의 아내입니다."

그러자 문이 열렸고, 앨버트 경은 빅토리아를 방으로 맞이했다. 앨버트 경은 단지 아내와 대화를 하고 싶었던 것이다.

우리도 살아가면서 이와 같은 실수를 범할 때가 참 많다.

나도 그렇다. 아내에게는 남편이 필요한데 목회자로 다가가기도 하고 아이들에게도 친구가 필요한데 상담자가 되기도 한다.

배려하는 대화는 상대방이 원하는 모습으로 상대방과 마주보며 대화하는 것이다.

예수님도 우리에게 친구로 다가오셨다. 아픈 이들의 위로자가 되셨고, 상처 받은 이들에게는 격려자가 되셨다. 나의 마음을 열고 그 속에 진심과 사랑을 전하는 길은 그리 어렵지 않다.

몇 십 년을 살아온 부부에게도 매일 서로에게 어떤 모습으로 설까를 고민하는 것이 행복한 부부의 첫걸음일 수 있다. 내 속으로 낳은 자녀에게도 오늘은 어떤 모습의 부모로 다가설지 고민해 보는 것이 친구 같은 부모가 되는 첫 시작일 수 있다.

다른 이들과 진실하게 눈을 맞추며 가슴을 열어 서로의 마음을 만져주는 것이 하나님의 사랑과 위로를 전하는 첫 시작일 수도 있다. 그 사랑과 위로를 위해 오늘도 내일도 아니 매일같이 다양한 모습을 추구하는 아름다운 변신은 우리 마음과 가슴을 한 단계 더 성장시킬 것이다.

신뢰

 한 사람이 다른 누군가를 신뢰하는 것을 수치로 나타낸다면, 과연 얼마나 나올까? 부모와 자녀 사이에 주고받는 신뢰가 완벽할까? 아니면 부부간의 신뢰가 완전하다고 할 수 있을까?

 사람이 보여줄 수 있는 신뢰에는 분명 한계가 있다. 상대방에게 굳건한 신뢰를 보냈다고 생각했는데 돌아오는 것은 실망뿐이고, 그토록 다짐했던 약속들이 현실 앞에서 자꾸 깨지는 것을 경험한다. 그런 이유로 실망과 절망을 반복하면서 우리의 얄팍한 신뢰의 깊이를 확인하게 되는 것이다.

 어차피 우리 자신도 다른 이를 온전히 신뢰하지 못하는 존재다. 인간이기 때문이다. 상대가 아무리 완벽할지라도 인간의 나약한 틈으로 불안이 찾아오고, 의심이 스며들기 때문이다. 그 틈이 조금씩 벌어지면서 신뢰도 깨어지기 시작한다.

 그 원인은 바로 우리 자신에게 있다. 상대가 아닌 바로 내 안에 그 틈이 있다. 자기 자신을 온전히 신뢰하지 못하는 우리가 어떻게 다른 이를 온전히 신뢰하고 영원을 약속할 수 있을까? 답은 간단하다. 불가하다. 그렇기에 우리에게 예수님이 필요하다. 나 자신조차 믿지 못하고 다독이지 못하는 불완전한 존재이기에 단 한순간도 주인의 품을 떠날 수 없는 것이다.

하지만 예수 그리스도의 품을 경험해 보지 못한 이들은 자꾸 내 안의 불안감과 두려움을 잊기 위해 사람 사이의 신뢰를 좇아가고 매달리려 한다. 손으로 한가득 물을 담아봤자 우리의 얄팍한 손가락 사이로 물은 자꾸 흘러내리기 마련이다.

우리 사이의 신뢰도 마찬가지다. "무조건 남을 믿지 말라."는 것이 아니다. 서로 믿음 가운데 사랑하고 교제하라. 하지만 사람 간의 정과 관계가 내 안에 평안을 줄 수 없고 오직 주 예수 그리스도만이 우리 중심의 평안을 주실 수 있다. 그분으로 인해 회복할 때 우리는 서로 교제하고 온전히 사랑할 수 있다. 그리스도께 받은 사랑만이 우리의 연약함을 강건케 하고 관계를 더욱 깊게 만들 수 있다.

사람이 나를 보지 않는다고, 상대가 나를 이해하지 못한다고 혹여 마음에 상처 받았다면, 피조물에게 매 맞고, 돌을 맞으며 뜨거운 눈물로 그 손들을 위해 기도하셨던 주님을 떠올려 보라. 온전한 사랑도 주님뿐이며, 온전한 신뢰를 주시는 분도 주님뿐이다.

중간자

우리 삶은 다양한 이름으로 사람들과 일대일 관계를 맺고 살아간다. 부모와 자녀, 남편과 아내, 동료와 나, 친구와 나, 경쟁자와 나, 교회 식구와 나, 형제와 나…. 그리고 그 둘 사이에 금이 가거나 갈등이라도 생기면 중간 역할을 하는 사람도 있어야 한다. 물론, 우리도 어떤 때는 그 중간자 자리에 서기도 한다.

우리는 경험을 통해, 그 중간자의 역할에 따라 작은 갈등이 크게 번지기도 하고, 큰 싸움이 별것 아닌 해프닝으로 끝나기도 하는 것을 잘 알고 있다. 그만큼 중간자 역할이 중요한데, 안타깝게도 현명하고 공정하고 사려 깊은 중간자를 만나기도 힘들고 그런 역할을 하는 것도 정말 힘이 든다.

우리는 '선'(善)을 배운다. 도덕적이라는 관념과 양심도 있다. 그런데 왜 올바른 중간자를 만나기 힘든 것일까? 우리 안에 답이 있다. 바로 '욕심'이다. 그 욕심은 때때로 이름을 바꾸어 나타난다. 어떤 때는 '내 생각이 옳아!' 하는 지나친 확신이 되고, 또 어떤 때는 '저 사람 말은 무조건 틀려!'라는 불신으로 나타나기도 한다. 그리고 자꾸 내 경우와 내 계산과 내 경험에 비추어 상대를 평가하려고 한다. 이것이 심해지면 두 사람의 갈등이 갑자기 세 사람, 네 사람, 그 이상의 다중 갈등으로 번지기도 하는 것이다.

우리가 누군가에게 어떤 갈등을 이야기하고 도움을 요청할 때는 마음속에 답답함이 있기 때문이다. 후련하게 자기의 사정을 터놓고 말하고 싶은 답답함 말이다. 그러나 안타깝게도 정말 자질없는 중간자를 만나게 되면, 자기가 용기 내어 말한 것들이 살이 붙고, 방향도, 색깔도 바뀌어 다른 이들에게 번지게 된다.

『임금님 귀는 당나귀 귀』라는 동화가 있다. 왕의 모자를 만드는 장인이 왕의 귀를 본 후에 말하고 싶어 병이 났다. 그래서 대나무 밭으로 나가 "임금님 귀는 당나귀 귀!" 하고 외쳤다. 그러자 바람만 불면 그 숲에서는 "임금님 귀는 당나귀 귀!"라는 소리가 들렸다는 내용이다.

이 동화가 현실이었다면, 아마 "임금님 귀는 당나귀 귀!"라는 외침에 덧붙여 "임금님 코는 돼지 코, 임금님 엉덩이는 짝짝이, 임금님 배꼽은 열 개!"라는 살이 붙었을지 모른다.

살아가면서 우리는 자연스레 관계 속에서 많은 갈등을 만난다. 당연한 일이고, 그 갈등을 통해 많은 것을 배우기도 한다. 관계의 갈등을 만날 때 현명한 중간자를 초청하기 바란다.

그 중간자가 바로 예수 그리스도이시다!

지금껏 많이 들어본 말이라고 가볍게 넘기기 쉽다. 그러나 기도로 나의 사정을 속 시원히 고백하고, 이제는 하나님이 잠잠케 하시길 기대하자. 더불어 문제를 보는 넓은 시각과 상대를 담을 수 있는 큰마음을 구하자. 분노로 들끓던 마음이 잠잠해지고, 눈앞의 갈등을 넘어 작아 보이는 내 모습이 아닌 나를 향한 그분의 계획과 깊은 사랑에 감사하게 될 것이다.

우리는 사람이기에 서로에게 명확한 해결책을 줄 수 없다. 단지 서로 위로하고 사랑하는 관계에 있을 뿐이다. 누군가 나를 중간자의 역할로 부르면 내가 아닌 그분을 보내기 바란다. 우리는 그저 뒤에서 가만히 기도하면 된다. 그리고 진정 위로하고 함께 울어주고 깊은 사랑으로 안아주라.

첫사랑

사람들이 평생 잊지 못하는 것 중 하나가 첫사랑이다. 나에게도 그런 첫사랑의 기억이 있다. 아쉽게도 아내는 아니다. 그 첫사랑 이후 만난 사랑이 지금의 아내이다.

나는 그 첫사랑을 만나기 전에 진정한 사랑을 잘 알지 못했다. 그 사랑이 세상을 보는 내 눈을 모두 바꾸어 놓았다 해도 과언이 아니다. 첫사랑이 다가오기 전, 세상은 무엇을 해도 행복하지 않았고, 무엇을 해도 만족함이 없었다. 채워도 채워지지 않는 갈증과 손에 쥐어도 무언가 알 수 없는 허전함이 가득했던 삶이었다. 그러나 그 첫사랑을 만난 다음에는 먹지 않아도 배부르고, 쉴 새 없이 일해도 피곤하지 않았다. 더불어 아내에 대한 사랑도 더 깊고 넓어졌다.

나의 첫사랑은 예수 그리스도이시다. 그 상대가 누굴까 하고 내심 호기심을 갖고 기대했을 분들에게는 다소 실망스럽겠지만, 진정 나의 첫사랑은 예수 그리스도이시다. 사람에게 받았던 상처들이 그분을 통해 치유되었고, 채워지지 않은 허전함은 그분으로 인해 평안이 흘러넘치게 되었다.

첫사랑은 나에게 아무것도 원하지 않았고, 무엇을 하라고 요구하지도 않았다. 그저 나에게 주기만 하고 한없이 사랑해주었다. 그때 진정한 사랑은 끝없이 묵묵히 내어주는 것임을 알았다. 그러나 사람이기에, 부족한 자이기에 받은 그 사랑을 때때로 잊기도 한다. 한쪽 뺨을 맞고 다른 쪽 뺨을 내어주지 못하고 원망할 때도 있으며, 주고 주고 또 주어도 손을 내미는 자에게 서운한 마음이 생기기도 한다.

하지만 그럴 때마다 혼자 서재에 앉아 묵묵히 기도하며 주님 앞에 선다. 희미해진 첫사랑의 기억을 회복하기 위해 간절히 기도한다. 온몸이 땀에 젖을 정도의 시간이 지나고, 조금 희미해진 첫사랑의 기쁨이 다시 선명하게 되살아날 때면 큰 산 같은 문제 또한 아무것도 아님을 깨닫는다.

시계추처럼 쉴 새 없이 바쁘고 경직되고 불안한 삶을 지속하고 있는가? 지금 잠시 모든 것을 내려놓고 주님 앞에 서라. 그리고 기억해 보라. 예수 그리스도와의 첫 만남! 불타는 열정과 그 고백을!

길을 묻는 젊음에게

한 청년에게 편지를 받았다. 그 짧은 20여 년 삶의 이야기가 어찌도 그리 가슴 아프고, 세상을 향한 날선 분노가 느껴지는지 한참 시린 가슴을 쓸어 내렸다.

지방대학을 다니는 청년에게 이 세상은 너무나 가혹했다. 그래서 시작한 공무원 시험 준비가 벌써 3년째, 손바닥만 한 고시원에 낼 돈도 없어 지난달부터는 노숙을 하듯 노량진을 배회하는 처지라고 했다. 만취해 고향의 어머니께 이제 그만 살겠노라 횡포 아닌 횡포까지 부렸는데 그때 어머니가 해 주신 말씀이 기억났다고 했다.

"윤호균 목사님을 한번 찾아가 보아라!"

그 어머니가 작년부터 동네 가까운 교회를 다니고 있는데, 집회에서 나를 본 이후로 자신의 아들과 만나게 해 달라고 작정 기도를 했다는 것이다. 그 청년은 현재 정신없는 자신의 상태처럼 휘갈겨 쓴 편지 말미에 이렇게 적어놓았다.

"목사님, 목사님 말씀처럼 상처를 통해 하나님이 역사를 펼치신다면 저는 거절하고 싶습니다. 아파야 하나님을 만나고 더 울어야 한다면, 저는 그 하나님을 부인하고 싶습니다."

몇 번이나 이 말을 반복해 읽었다. 그리고 그 젊은이의 핸드폰으로 전화를 걸었다. 진중하지만 우울함이 배어있는 그 젊은이의 목소리를 들으며, '그래, 아직 살아 있었구나.' 하는 안도감에 긴 한숨을 내쉬었다.

약 한 시간가량을 통화하며 그 젊은이에게 내 젊은 시절 이야기를 했다. 모든 것이 암울하여 캄캄하던 시절, 이 세상에 혼자만 낙오자 같았던 그 시절의 이야기를 들려주었다. 그렇게 청년의 아픈 가슴을 다독여주며 그 청년과 한 가지 약속을 했다.

"자네가 자신을 포기하지 않는다면, 분명 길은 있네. 지금 그 길이 무엇인지, 어느 곳인지는 나도 자네도 모르는 일이지. 하지만 이 세상에 하나님이 자네를 보내셨다면, 분명 자네만의 길은 존재한다고 보네. 아파야 하나님을 만난다는 자네의 그 말에는 오류가 있지. 하나님이 우리에게 주시는 상처에는 진정한 사랑이 우선이야. 꼭 이것 하나만 기억해 주기를 바라네. 하나님이 자네를 얼마나 사랑하시는지, 그리고 그 상처와 눈물에 얼마나 가슴 아파하며 함께하시는지…."

한사코 거절하는 그 청년의 은행 계좌번호를 건네받고 얼마의 돈을 송금해 주었다. 그리고 매달 마지막 날 서로 전화할 것을 약속하고 그 젊은이를 위해 기도했다.

길을 잃은 젊음이 아니고, 나태한 정신력의 젊음도 아닌, 여린 껍질 속에 갇힌 젊음을 위해 말이다.

"아파야 청춘이다."라는 말이 한동안 무슨 명언인 양, 큰 진리인 양 너도나도 말했던 때가 있었다. 물론 틀린 말은 아니다. 하지만 요즘처럼 아프고 지친 청년들에게 더 아파야 한다고 짐을 지우는 것 같아 씁쓸한 기분이 드는 것도 사실이다.

흔들리는 것은 나쁜 것이 아니다.

휘청거리며 걸어보는 것이 어찌 나쁘겠는가?

지치면 쉬어갈 마음의 안식처, 넘어지면 속에서 꿈틀거리며 괜찮다 괜찮다 다독여 줄 위로처가 없는 젊음들! 그들에게 '사랑의 하나님, 위로의 하나님'이 함께하시어 여리고 여린 그들의 오늘에 큰 위로와 길을 보여주실 것을 믿기에 감사와 축복으로 그 젊음을 향한 기도를 마무리했다.

다음 달 마지막 날, 우리의 만남이 그 청년에게 조금은 가볍고, 조금은 즐거운 일로 기대하는 일이었으면 좋겠다. 아직은 잃었던 길을 찾고 방황 가운데 만난 사랑의 하나님을 그 청년에게 다 전하지 못했기 때문이다.

아이의 가르침

동생이 생긴 덕에 투정이 잔뜩 늘어버린 손주의 마음을 좀 풀어주려고 비위를 맞춰가며 놀아주었다. 그러면서 녀석의 편식을 좀 고쳐보려고 이렇게 한마디 던졌다.

"네 아빠는 키가 아주 커서 좋겠다."

그랬더니 대뜸 녀석이 대꾸한다.

"괜찮아. 할아버지는 찬양을 잘하잖아. 그럼 공평한 거야. 하나님은 공평하셔."

정말 뜬금없이 나온 말에 잠시 할 말을 잃고 가만히 앉아 있다가 다시 물었다.

"너 공평이 뭔 줄은 아니?"

"응, 친구한테 과자가 두 개 있으면 나한테도 두 개 있는 거야. 그게 공평이야!"

녀석과 대화를 나누다가 새삼 공평의 하나님을 다시 묵상했다. 우리는 공평의 하나님을 이야기한다. 그런데 왜 우리의 기도는 더 가지려는 요구뿐일까? "하나님, 더 주세요. 하나님 더 많이 채워주세요. 이것도 고쳐주세요, 하나님!" 다섯 살 아이도 알고 있는 공평을 오히려 어른들이 모르고 살고 있는 것은 아닐까?

질병을 가진 자와 물질을 가진 자가 있다. 공평하다고? 우리의 시각에서는 의문을 던질 수 있다. 하지만 하나님과 믿는 자의 눈으로 볼 때는 상황이 다르다. 질병을 가진 자에게는 하나님을 믿고 의지하는 믿음이 있어 평안하고, 물질만 있는 자에게는 구원과 진리의 자유함이 없을 수 있기 때문이다.

어떤 이들은 자신에게 꼭 필요한 것이 없다고 어떻게 하나님이 공평한가를 감히 반문한다. 물질의 공평을 이야기하는 자들은 모두가 똑같이 나누고, 똑같은 부를 누리는 것을 공평이라고 생각하는 것 같다. 하나님은 우리 모두에게 나이, 배움, 성별과 상관없이 사랑을 주셨다. 갚을 수도 없는 무한의 사랑을 허락하고 베푸셨다. 이것이면 된 것이다.

얼마나 더 많이 먹고, 더 많이 쓰고, 더 많이 쉬기 위한 투정을 더해야 값없이 받은 이 사랑을 값지게 생각할까? 언제나 세상의 물질과 안위를 비교하며 공평을 따지지 않게 될까?

오늘 어린 손주 녀석에게 값진 가르침을 하나 얻었다. 이 영리한 녀석이 오늘은 또 어떤 것으로 할아버지에게 장난감 하나를 얻어내려 할지 궁금해진다.

하나님은 내 편

주일 예배를 다 마치고 식사 후에 잠시 쉬는데, 두 손자 녀석이 난리법석이다. 덩달아 딸아이도 얼굴이 붉어져 두 녀석을 앉혀 놓고는 혼을 낸다. 둘째 놈이 제 형 물건을 망가뜨린 모양이다. 딸아이가 형이 좀 이해해 줘야지 했더니, 눈물 많은 이 녀석이 대번에 엉엉 울기 시작한다. 손을 잡고 방으로 데리고 와 무릎에 앉히고는 달래며 이렇게 물었다.

"하나님이 너희를 보시면 뭐라고 하셨을까?"

평소 녀석의 심성으로 볼 때 예상되는 대답이 있었다. 그런데 녀석이 불쑥 이런 말을 한다.

"하나님도 화를 내셨을 거야. 내가 이렇게 화가 났는데, 당연히 하나님도 진짜 화 나셨을 거예요. 이제 내 동생은 큰일 난 거야."

순간 웃음이 터져 나오려는 걸 참고 왜 그렇게 생각하는지 물었다.

"하나님은 내 편이시잖아요? 그러니까 지금 내가 억울하고 화가 나니까 하나님도 화 나셨지."

녀석이 동생과 다시 화해하고 신나게 뛰노는 모습을 바라보며 우리가 잃어버린 어린아이 같은 믿음이 이런 것은 아닐까 생각했다. 하나님은 전적으로 내 편이라는 믿음!

우리는 세상을 살아가며 죄를 짓고, 욕심을 품고, 미움을 담으며 조금씩 하나님 앞에서 숨고 싶어진다. 에덴동산의 그들처럼. 하나님이 온전히 내 편이라는 믿음을 갖지 못하고 그분의 품에서 멀어지고 그분의 시선에서 숨으며, 적당한 선에서 불안하게 신앙을 유지하며 살아갈 때가 있다.

하지만 기억하자! 하나님은 언제나 내 편이라는 것을. 우리와 함께하신다는 것을 말이다. 이 세상 모든 사람이 나에게 등 돌리고, 그들의 잣대로 나를 저울질하고 힘들게 할 때 단 일 초도 나에게서 눈을 떼지 않으시고 나를 붙들고 계시던 그분의 손길을!

사무실을 전쟁터마냥 뛰어다니는 녀석들과 그 녀석들을 쫓아다니며 잔소리를 해대는 아내와 딸아이를 보며, 이 소소함의 행복을 허락하신 하나님의 은혜에 가슴이 벅차올랐다.

나약함

어릴 적 몰래 만화방에 앉아 있다가 어머니께 혼쭐이 났던 기억이 떠오른다. 그때 본 만화에 자주 등장하던 대사가 하나 있다.

"네 정체를 밝혀라!"

그러면 다음 장면에는 갑자기 어여쁜 아가씨가 괴물로 변하기도 하고, 멀쩡한 신사가 검정색의 귀신으로 바뀌기도 했다.

가끔 사람들의 본질, 즉 본디의 모습을 대면할 때가 있다. 그 본질이 평소와 다를 때 당혹함을 느낀다.

에베소서 말씀에 이런 구절이 있다.

> 전에는 우리도 다 그 가운데서 우리 육체의 욕심을 따라 지내며 육체와 마음의 원하는 것을 하여 다른 이들과 같이 본질상 진노의 자녀이었더니(엡 2:3)

우리는 약하고 약한 존재다. 우리의 본질은 조금만 신경 쓰지 않으면 툭툭 튀어나와 자꾸 일을 그르치고, 관계를 망가뜨린다. 이런 일들을 반복하지 않기 위해 세상 사람들은 인격수양을 힘쓴다. 하지만, 그리스도인은 성령을 따라 사는 것이 핵심이다. 우리 안에 성령이 충만하지 않으면 우리는 자꾸 육체의 본질을 따라 살려고 한다. 아닌 것을 알지만 편한 것을 바라보게 되고, 타협을 합리적인 것이라 말하게 된다. 좀 더 쉽게, 좀 더 빠르게, 좀 더 체계적인 것을 실력과 능력이라 말하면서 이 시대에 무릎을 꿇는다. 나약함을 인정하고 자꾸 내려놓는 것을 강조하는 믿음의 공동체가 가끔은 불편하고, 가끔은 외면하고 싶은 큰 부담일 때도 있다.

그러나 진리 안에서 자유하기 위해서는 반드시 성령 안에 거해야 한다. 내 안에 성령의 은혜가 가득하여 육체적인 본질이 묻히고, 그 색을 잃어야 한다.

우리의 약함은 본질이다. 성인군자가 되어도 우리의 약함은 그대로 존재한다. 그리고 그 약함의 본질은 오직 주 예수 그리스도의 은혜로운 성령으로만 덮을 수 있다.

혹 다른 사람이나 나의 본질을 보고 당혹감을 느낀 적은 없는가? 자녀를 양육하며 내 혈기를 아이에게 쏟고, 배우자에 대한 작은 서운함이 내 상처와 맞물려 상대를 할퀴고 아프게 하지는 않는가?

우리의 본질을 이해해야 한다. 우리는 잘 넘어지고, 잘 깨지며 자주 잊어버리는 존재다. 큰 은혜를 받고도 작은 실망에 그 은혜를 기억하지 못한다.

  우리의 약함은 우리를 넘어뜨리기 위한 것이 아니라 주 예수 그리스도에게 더 가까이 나아갈 수 있는 발판이다.

정지선

"목사님, 목사님! 정말 궁금한 게 있어요."

숨을 헐떡이며 성도 한 분이 달려왔다. 무슨 급한 일이 있나 싶어 잠시 걸음을 멈추었다.

"글쎄, 누구 누구 있잖아요. 왜 이혼했대요? 부부가 무슨 문제가 있었대요?"

순간 당황해 머릿속이 멍해졌다. 예전에 우리 교회를 다녔던 유명세를 타는 어느 부부의 이야기인 듯했다.

"왜 그걸 물으시지요?"

"궁금해서요. 곁에서 볼 땐 참 다정해 보이는 부부였는데 무슨 문제일까요? 남편이 바람을 피웠대요?"

딱히 나눌 말이 없어 그 자리를 돌아서 나와 운전해 가는 내내 마음이 편치 않았다. 신호가 바뀌어 빨간불이 들어왔다. 정지선 앞에 가만히 서 있는데, 문득 우리의 관계에도 저런 정지선이 있어야 하는 것은 아닐까 하는 생각이 들었다.

관계의 정지선. 지키지 않으면 안 되는 선 말이다.

누구나 살아가며 아픔을 겪고 상처를 받는다. 그 과정을 겪으며 남에게 보이고 싶지 않은 이야기들이 있다. 굳이 상대가 말하지 않을 때는 멈춰야 한다. 관심이라는 명목으로 자신의 호기심을 채우기 위해 다른 이의 아픈 마음을 날카로운 칼로 긁어댈 필요는 없는 것이다.

사람과 사람 사이에 왜 그렇게 많은 문제와 생채기들이 생기는 것일까? 그것은 건강한 선이 무너졌기 때문이다. 누군가 아픔에 겨워 일어날 힘조차 없을 때 그 사람에 대한 존중과 그를 향한 하나님의 계획하심이 진심으로 느껴지지 않는다면, 다가서는 것을 멈추라. 관계 속에서 가장 중요한 것은 건강한 거리다.

하나님의 시간에 만나는 관계는 주는 사람도 받는 사람도 감사함으로 손을 잡는다. 서로 성장한다. 하지만 일방적인 욕심으로 이루어진 관계는 주는 사람도 받는 사람도 아프다.

다른 이들의 삶과 가정에, 다른 이들의 이야기에 더욱 관심이 많은 사람들은 안타깝지만 자신의 삶은 진정으로 잘 돌보지 않는 경우가 허다하다. 내 안에서 아우성치는 배고픔의 욕구를 다듬고 보살피는 데 자신이 없기 때문에 다른 이들의 이런저런 삶의 이야기로 내면의 배고픔을 채우고 싶어 하는 것이다.

정지선을 지키는 존중의 마음, 그 존중은 상대와 나를 지키는 관계의 법칙이다. 예수님은 언제나 우리들을 존중으로 대하셨다.

어린아이의 작은 도시락 하나의 나눔도 진정 존중하고 아끼셨다. 그 존중의 기초는 진정한 사랑이다. 우리는 하나님의 귀한 존재다. 하나님의 귀한 존재임을 깨닫고 고백한 사람들은 함부로 다른 이들을 상처주고 무시하지 않는다. 나만큼이나 다른 사람도 하나님의 귀한 존재임을 알기 때문이다.

   울고 있는 사람을 보면, 가만히 기도하기 바란다. 그를 위해, 그를 향한 하나님의 계획과 뜻을 위해, 그리고 하나님의 때가 되어 하나님이 손을 잡게 하시면 진정 사랑으로 안아주고 격려하는 귀한 친구가 되기 바란다. 하나님의 계획하심을 함께 기다려 줄 수 있는 친구가 되기 바란다.

   하나님이 우리에게 하신 것처럼 우리도 다른 이를 존중해야 한다. 그것이 은혜 받은 자의 행함이고 실천이다.

선한 빚

요즘 우리나라 가계 부채가 빠르게 증가하고 있다는 기사를 읽었다. 너무나 천문학적인 숫자라 실감은 잘 안 나지만, 각 가정에 부채가 없는 집이 드물다고 하니 큰 문제이긴 한 것 같다.

우리나라 사람들은 가계 지출에 여전히 아이들의 사교육비와 주택 마련 자금에 관심이 많은 것 같다. 내 아이 만큼은, 죽기 전에 내 집 만큼은, 이런 생각들이 한국인들의 소비 패턴을 좌지우지한다고 한다.

인지상정으로 이해는 되지만, 가끔은 너무나 과한 욕심에 과한 부채를 안고 있는 건 아닌가 염려스러운 분들도 있다. 아이를 위한 마음과 가정의 안락함을 위해 소망하는 것을 어찌 무조건 나쁘다고 하겠는가?

이런저런 생각에 문득 익숙한 이 말씀이 떠올랐다.

오늘 있다가 내일 아궁이에 던져지는 들풀도 하나님이 이렇게 입히

시거든 하물며 너희일까보냐 믿음이 작은 자들아 그러므로 염려하여 이르기를 무엇을 먹을까 무엇을 마실까 무엇을 입을까 하지 말라 이는 다 이방인들이 구하는 것이라 너희 하늘 아버지께서 이 모든 것이 너희에게 있어야 할 줄을 아시느니라 (마 6:30-32)

우리는 이 세상을 살아가며 여러 가지 이유로 많은 빚을 지고 그것을 갚으려는 부담감으로 스트레스를 받고 있다. 하지만 진정 갚아 나가야 할 빚을 우리는 까마득히 잊고 사는 것은 아닌지 모르겠다. 사람들 모두 가계 부채가 큰 문제라며 이야기하는 이때에 우리는 그보다 더 시급한 우리의 선한 빚에 대해 묵상해야 한다.

구원의 빚! 값없이 받은 그 사랑에 대한 우리 마음의 짐!

하나님은 목적을 두고 우리를 부르셨다. 그리고 사랑으로 구원하셨다. 우리 모두에게는 각자의 분량만큼 사명이 있다. 그러나 우리는 어느새 우리의 선한 부담감과 의무를 현실의 문제와 일들을 핑계로 슬그머니 모른 척하며 살고 있는지도 모른다. 우리가 갚아야 할 선한 빚에 대한 의무와 부담을 잊지 말았으면 좋겠다.

도道를 아십니까?

터미널에 나가든지 길거리를 다닐 때 한 사람이 다가와 슬쩍 건네는 말이 있다. "도를 아십니까?"

대중매체나 아이들을 통해 전해들은 이야기라 직접 경험하지는 못했지만, 생각해보면 참 재미있고 황당한 장면이다. 그런데 그런 상황을 직접 접하면 자신도 모르게 따라가 금전적인 손해까지 입는다고 하니, 그들이 말하는 '도'란 무엇인가에 대해 궁금해지기도 한다.

'도'(道)라는 것을 사전에서 보면, 세 가지 뜻이 나온다. 이 중 그들이 말하는 '도'는 종교적으로 깊이 깨우친 이치를 말한다. 그러면 깊이 깨우친 이치라는 것은 무엇일까?

우리 그리스도인의 도는 오직 하나 밖에 없다. 바로 예수 그리스도다. 깊이 파고들고 또 파고들어도 남는 건 오직 하나, 진리이신 예수 그리스도뿐이다.

'도를 아십니까?'를 따라나서는 이들은 현실의 문제를 조상의 탓이나, 자신의 전생이나 이런 소리에 유혹되어 그런다고 한다.

그럼 우리가 가진 해결책은 무엇인가? 역시 예수 그리스도뿐이다. '도를 아십니까?'의 그들이 듣는다면 무슨 말도 안 되는 억지냐 하겠지만, 절대 그렇지 않다.

우리는 현실의 막힘을 막힘으로 보지 않는다. 우리의 문을 닫고 여시는 이는 오직 예수 그리스도다. 그리고 그 문의 닫힘은 우리를 상하게 하심도 아니고, 우리를 해하게 하심도 아닌 하나님의 사랑과 계획하심일 뿐이다. 우리는 현실의 막힘에 낙심하지 않는다. 우리는 다른 이를 탓하지 않는다. 오직 나와 하나님과의 관계성을 바라본다. 그리고 나를 성장케 하시는 내 주의 사랑만 의지한다. 무슨 '도'가 더 필요하겠는가?

이제는 다시 여러분에게 묻겠다.

"도를 아십니까?"

내 문제 앞에서 겸허히 자신을 바라보라. 목적 없이, 방향 없이 떠도는 이들과 나의 차이가 무엇인지 바라보라. 아직도 현실 자체의 상처와 막힘에만 관심이 있는가?

아름드리 나무

    우리는 살아가며 참으로 많은 일을 겪는다. 이는 살아감의 길고 짧음의 문제가 아니라 각자의 생활 속에서 각자의 발걸음 넓이 만큼 자연스레 생기는 일들이다. 학생들은 학교에서 각자의 시각과 테두리에서 관계와 학업 속에 수많은 내적 갈등과 변화들을 겪고, 연세 지긋한 어른들 또한 각자의 테두리에서 관계를 맺고 접으며 많은 일들을 겪어 나갈 테니 말이다.

    그런데 문제는 그 소소한 삶의 이야기들이 어떤 이들에게는 자꾸 자신의 가치와 행복, 평안을 공격하는 요소로 작용하는 것이다. 이는 행복과 평안의 기준이 내 중심이 아닌 다른 사람들의 시선에 있을 때 발생한다. 다른 이의 작은 몸짓과 말투 등을 내 속의 자격지심과 결부하여 큰 오해를 만들고, 그 오해가 쌓이고 쌓여 단절을 일으킨다. 우리는 가끔 아주 큰 착각을 한다. 그것은 다른 이들과 잘 어울리는 것, 즉 관계를 잘 이끄는 것은 작은 갈등조차도 일어나지 않게 하는 것이라고 생각한다. 단연코 이 세상 그 어떤 관계에서도 완벽함이란 존재하지 않는다. 그 완벽과 순수는 우리와 하나님과의 관계에서만 존재한다. 그것이 질서이고 진리이다. 그렇다면 우리는 다르게 생각해보아야 한다. 우리의 관계는 언제나 완벽하지 못하다는 전제가 있다. 그렇기에 자주 깨어지고 자주 흔들리고 자주 아프게 되는 것이다.

다툼이 벌어지고 오해가 생기고 상처가 생기는 많은 일들은 언제나 상호 보완적이다. 물론 묻지마 범죄와 같이 예외적인 경우도 있으나 일반적인 교류에서는 상호 보완적인 것이 상식이다.

어떤 이들은 이렇게 자주 말한다.

"나한테 어떻게 그럴 수 있어? 내가 만만한가? 왜 나한테만 그러는 거야?"

이런 생각들은 자꾸 나 자신을 작고 초라하게 만들어 간다. 그리고 내 안의 평안과 행복을 조금씩 사라지게 만든다. 삶의 고난과 관계의 삐걱거림이 결합하면 상대와 세상을 향하던 그 원망이 자기 자신을 향하게 된다.

"내가 별 수 있나, 그럼 그렇지. 나야 원래 이 정도밖에 안 되는 사람이니까."

그러나 하나님은 우리를 향해 이렇게 말씀하신다.

"너는 천하보다 귀한 존재다."

하지만 우리는 살아가며 크고 작은 상처들로 인해 자꾸만 작아지고 깨어진다. 그래서 우리의 가치를 믿지도 인정하지도 못하게 된다. 천하보다 귀한 존재가 천하의 쓸모없는 존재라고 자책하게 된다.

나는 얼마짜리 존재인가? 나를 향한 하나님의 계획과 그 크신 사랑을 믿는 자들은 일상의 상처와 관계의 흐트러짐으로 나의 평안을 깨지 않는다. 믿는 자들은 관계의 아픔을 성장의 발판으로 넘어서야 한다. 상대의 알 수 없는 성냄에 놀란 적이 있는가? 원치 않는 다툼에 서 있는가? 나를 제외한 모두에게 오해를 받고 있는가? 가슴을 팡팡 주먹으로 치고 싶은 답답함에 갇혀 있는가?

나는 천하보다 귀한 존재다. 그리고 언제나 하나님의 테두리 안에서 가꾸어지는 아름드리나무이다. 믿으라. 당신은 천하보다 귀한 존재다. 그러므로 자꾸 스스로를 해하고, 스스로의 가치를 평가절하하지 마라. 당신은 하나님의 명품이다. 지금은 명품이 만들어지기 위해 잠시 풀무불에 달구어지고, 날 선 정에 다듬어지고 있는 과정일 뿐이다.

견주기

물건을 하나 살 때도 우리는 흥정을 한다. 특히 젊은이들은 인터넷 쇼핑을 하면서 가격비교를 하거나 경매를 통해 물건을 구입한다. 무엇인가를 사기 위해 더 많이 고민하고, 정성을 들이고, 시간을 들여 견주기를 하며 각자의 선택이 최선이 되도록 노력한다.

문제는 사람의 마음에 대해서도 견주기를 하는 것이다. 내가 저 사람에 대해 이만한 호감을 갖고 있는데, 이것을 얼마큼 표현하며 다가서야 세련된 것일까? 감사의 마음을 얼마큼 표현하는 것이 손해 보지 않는 것일까?

합리적 소비와 합리적 사고방식이라는 테두리 안에서 우리는 너무 많은 것을 견주며 살고 있는 것을 발견한다. 누가 더 많이 이기는지, 누가 더 많이 갖는지에 대한 똑똑한 계산법만이 남아 있는 현실이 참으로 쓸쓸하고 슬프다. 이렇게 마음과 진심을 견주는 것은 매우 마음 아픈 일이다.

그러나 그리스도인이라면 너와 나의 마음 열기에서는 내가 이

만큼 더 많이 품기, 상대의 아픔 앞에서는 내가 이만큼 더 많이 안아주기, 자존심 대결에서는 내가 이만큼 더 많이 져주기 등의 그리스도인의 바보 같은 견주기가 필요하다. 하나와 하나가 만나 꼭 둘이 될 필요는 없다. 때로는 하나와 하나가 만나 마이너스가 되기도 한다. 바보 같아도 그리스도인의 나눔과 사랑은 그래야 한다고 생각한다.

우리가 받은 사랑이 그렇기 때문이다. 그런데 살면서 여러 관계에서 받게 되는 많은 상처가 우리의 마음을 자꾸 닫게 만든다. 인간관계는 언제나 갈등과 상처와 불안 등을 동반하게 마련이다. 우리는 세상 속에서 만나는 이러한 갈등을 하나님과의 관계 속에서 위로 받고 해결해야 한다. 그러면 회복 속에서 더욱 견고해지고 내면의 풍요와 평안을 가질 수 있게 된다. 우리는 그 평안을 인간관계 속에서 그리스도인의 나눔으로 전할 수도 있다.

혹여 지금 이 시간 '마음 견주기'라는 단어 앞에 떠오르는 사람이 있는가? 상황과 현실의 계산을 넘어 먼저 다가가 그 손을 잡고 품에 안아주어라. 예수님도 견주고 계산하며 우리에게 다가오지 않으셨다. 아무런 이유나 계산 없이 아무것도 아닌 우리를 천하보다 귀하게 안고 품으셨다.

이와 같이 우리가 받은 사랑을 우리의 관계 속에 주님의 사랑으로, 주님의 은혜로 흘려보내야 한다.

핏줄

이산가족 상봉의 모습은 언제나 가슴 뭉클하고 그들의 사연 하나하나의 절절함이 안타깝게 다가온다. 결혼한 지 6개월 만에 헤어졌다가 65년 만에 재회한 팔순 노부부는 헤어지는 마지막을 서로의 건강을 빌어주며 눈물로 장식했고, 돌 이후 처음 만나는 아버지에게 아들은 뜨거운 눈물을 흘리며 밤새 적었을 편지를 쥐어 주었다.

화면으로 보는 그들이지만 옆에 있다면 다가가 손이라도 꼭 잡아주고 싶은 마음이 간절했다. 이념이라는 틀이 뜻하지 않게 65년이라는 이별의 시간을 만들었던 것이다. 살다가 헤어지기도 하는 게 가족이지만, 자신들의 잘못이 아닌 외부의 강압적인 힘에 의한 이별이기에 더욱 슬프고 애달픈 것 같다.

나이가 들면 자연스레 소중해지고 그리운 것이 '핏줄'이다. 자신의 삶에 주도권을 잡고 세상에 당당하던 젊음에게는 가족, 내

혈육과 핏줄이라는 것이 그리 크게 다가오지 않을 수 있다. 하지만 삶의 뒤안길을 만나게 되면 내 살붙이가 그리운 법이다.

핏줄이란 것이 그리워 멀리 타국으로 입양된 사람들이 세월을 건너 자신의 뿌리를 찾기도 하고, 수십 년을 떨어져 살던 가족이 만나는 그 순간부터 서로를 부둥켜안고 자연스레 하나가 되는 것을 보면 단순히 우리 몸에 흐르는 액체, 그 이상의 뜨거운 연관성을 갖고 있는 것이 분명하다.

핏줄 속에는 사람들이 말하는 유전자라는 것이 존재하고, 그 유전자를 통해 다른 환경과 다른 시간 속에 살았더라도 어디 한 군데는 닮은 구석이 있고, 식성까지 비슷한 경우가 많다.

어른들이 흔히 표현하던 "핏줄이 땡긴다."라는 말이 있다. 싫고 좋은 감정을 떠나 그냥 무작정 내 편이라는 강한 유대감을 나타낸 것이 아닌가 싶다. 핏줄이 이토록 사람들의 질서와 관계에 막대한 힘을 발휘하는 이유는 무엇일까?

예수님 안에서 우리는 어떤가? 우리는 예수님의 핏줄이다. 분명 우리는 그분 손에 지음 받고 그분의 호흡을 받은 자들이다. 그렇다면 아버지인 하나님의 어떤 부분을 우리가 담아내고 있는가? 그 무한한 사랑의 흉내만이라도 담고 있는가? 흉내 낼 수조차 없는 그분의 낮아짐이 우리 속에 배어 있는가?

우리가 자기소개를 하듯이 말하는 '그리스도인'은 어떤 모습이어야 하는지, 또한 하나님을 따르는 우리에게 당연히 있어야 할 기본적인 소양은 무엇인지 스스로 묻고 확인해 보았으면 좋겠다.

다시 말하지만 우리는 예수님의 핏줄이다. 우리는 나의 원천이고 뿌리인 그분을 자주 외면하고 소홀히 하지는 않았는지, 창피하지만 꼭 한 번은 짚어봐야 한다. 나의 중요한 핏줄에 대해, 그리고 그 핏줄의 의미에 대해서 말이다.

하나님이 필요합니다

목회와 상담을 통해 나는 많은 사람을 만난다. 다양한 표정과 다양한 옷을 차려입은 사람들을 만나지만 삶의 모습은 하나같이 어찌나 그리 닮아 있는지 단순하게 느껴질 정도다.

어떤 이들은 문제를 만나면 화를 낸다. 어떤 이들은 이를 회피하기 위해 즉각적으로 현실에서 즐거움을 찾는다. 또 어떤 이들은 극심한 스트레스를 받고 아무것도 할 수 없을 정도로 불안해한다. 또 어떤 이들은 다른 이들에게 문제를 나누고 적극적으로 대처한다. 그리고 믿는 우리들은 기도를 한다.

어떤 이들은 기도를 통해 원망하고, 어떤 이들은 기도를 통해 무조건적인 복을 바라며, 어떤 이들은 그 문제를 이길 힘을 구하고, 어떤 이들은 묵묵히 자신의 상황 속에서 말씀하고자 하시는 하나님을 구하기도 한다. 나는 어떤 모습인가?

우리는 모두 하나님이 필요하다. 기쁨과 희망과 소망 속에서도 하나님이 필요하지만, 아픔과 문제와 슬픔, 불안, 두려움 속에서 하나님이 더 절실히 필요하다. 하지만 우리는 문제 앞에서 문제가 해결되기만을 바라보고 있다. 문제가 우리의 현실을 막아버리면 우리는 제 역할을 할 수 없다.

그리스도인의 제 역할은 기도와 찬양이다. 그리스도인이 제 역할을 잘하면 직면한 문제 앞에서 해결책을 찾기보다 먼저 하나님을 찾는다.

많은 사람이 찾아와서 이런 질문을 한다.

"제가 어떻게 하면 좋을까요? 목사님, 저 좀 도와주세요."

답은 언제나 하나다. 바로 하나님이 필요하다. 하나님만이 모든 문제의 해결자이시고, 하나님만이 당신의 그 모든 것을 알고 살피실 수 있기 때문이다.

나에게도 언제나 하나님이 필요하다. 사역의 어려움을 만나도 관계의 힘든 묶임을 만날 때에도 언제나 하나님이 필요하다. 하나님이 아닌 다른 해결의 노력들이 먼저 튀어나올 때도 있다.

하지만 그때도 기도한다. 낮아지지 못한 것을 회개한다. 문제가 아닌 나 자신을 먼저 점검하고 나를 살핀다. 그러면 하나님의 기준에서 무엇이 진짜 문제인지 보인다.

신호

"목사님, 저는 마음이 불안해요."
"목사님, 저는 불면증이 심해요."
"목사님, 사람들이 저만 쳐다보고, 저만 싫어해요."
"목사님, 왜 모든 상황이 저를 힘들게 하죠?"

성도들과 상담할 때 으레 많이 듣는 말이다. 연령과 성별에 따라 표현 방식이 조금씩 다를 뿐 많은 사람의 호소를 듣다보면, '우리가 사는 이 시대가 참으로 불안하고, 많은 것이 흔들리고 있구나.' 하는 생각을 하게 된다.

기독교 단체 모임이 있었다. 많은 사람을 만나 회의를 한 다음 자연스러운 분위기에서 식사하는데, 한 장로님이 내 옆으로 다가왔다. 잠시 조언을 구할 것이 있다고 했다. 자리를 옮겨 차를 마시며 이야기를 하는데 장로님이 조심스럽게 물었다.

"목사님! 목사님은 마음속에 개인적인 불안 같은 것이 없으십니까? 저는 요새 불안증세가 심해서 사람들에 대한 두려운 마음도 생기고, 불안장애 진단도 받았습니다. 그래서 약 처방을 받았는데, 이게 다른 사람들에게 알리기도 창피한 일이고, 믿음을 가진 사람으로 덕이 안 되는 것 같아 염려가 더욱 큽니다. 제가 무슨 회개할 일이라도 있는 걸까요? 제가 죄를 지어서 마음에 불안이 있는 걸까요?"

"장로님, 저도 불안이 있습니다. 아이를 키우며, 또 그 아이들의 아이들을 바라보며 때로는 불안합니다. 성도님들을 보며, 그들이 앞둔 대소사를 중보하며 인간적인 불안함을 느끼기도 합니다. 하지만 그렇다고 제가 죄를 지었거나, 남들과 달리 유독 불안을 느낀다고 생각해 본 적은 없습니다. 나의 불안이 다른 이들과 환경이 만들어 낸 것이라고도 생각하지 않습니다. 저는 제 마음에 인간적인 나약함이나 불안함이 떠오를 땐 다만 이렇게 생각합니다. '아, 기도하라는 신호구나. 기도해야겠다.' 그리고 기도하며 이렇게 고백합니다. '하나님, 당신을 의지합니다. 아버지, 당신만이 나의 구주이시고 사랑이십니다.' 그런 후에는 모든 것이 제 것이 아닌 아버지의 것이기에 제 마음속에 어떠한 불안도 두려움도 없게 됩니다."

오랜 시간 대화를 더 나눈 후, 그 장로님은 악수를 청하며 이런 말을 했다.

"제가 죄를 많이 지어서 그런 게 아니라는 말씀이 참 위로가 됩니다."

아이처럼 해맑게 웃으며 인사를 건네는 그분의 모습이 저녁내내 내 마음에 남았다.

우리는 참으로 많은 불안을 가지고 사는 존재다. 하지만 그것에 너무 큰 의미를 둘 필요는 없다. 모든 사람이 보이지 않을 뿐 정상적인 범위 안에서 자연스레 그런 불안 등을 느끼고, 그 감정들을 해소하기 위해 노력하며 행복한 삶을 향해 나아가기 때문이다. 어떤 이의 책 제목처럼, 그렇다면 정상인 것이다.

잊지 말아야 할 것은 우리는 그리스도인이라는 사실이다. 우리는 불안을 없애기 위해 다른 사람들과 만나 술을 마시고, 친목회에 나가고, 소비 활동을 통해 성취감을 얻으려고 해서는 안 된다. 일련의 세상적 노력이 아닌, 하나님 앞에 나아가야 한다. 기도와 찬양을 해야 한다. 이것이 우리가 가지고 있는 가장 큰 무기다.

다시 한 번 강조하지만 기도하라! 찬양하라! 상한 마음의 고백과 찬양을 저버리지 않으시는 아버지 하나님이 그 고백과 찬양에 따스한 위로와 안정을 선물하실 것이다.

불안한가? 염려하지 마라. 그것은 바로 기도하라는 하나님의 호출이다.

Reality

리얼리티 프로그램이 유행이다. 연예인들이 먹고 자고 살아가는 일들을 방송하는 것이 사람들의 주목을 받는다. 어찌 보면, 우리의 그것과 무엇이 다른 게 있나 싶지만 일상의 소소함을 텔레비전을 통해 보는 것은 또 다른 즐거움인 것 같다.

이런 프로그램은 우리나라뿐 아니라 외국에서도 이미 예전부터 인기를 끌고 있었다. 외국 같은 경우에는 지극히 선정적인 모습을 리얼리티라는 이름으로 보기 언짢을 정도까지 방송으로 내보내 문제가 되기도 한다.

여하튼 누군가가 인위적으로 만들어 내는 이야기가 아닌 솔직하고 일상적인 모습들을 보고 싶어 하는 현대인들의 요구는 확실한 듯하다.

그런데 나는 텔레비전에서 보는 리얼리티가 아닌 우리 신앙의 리얼리티를 무척이나 보고 싶다. 많은 사람이 찬양과 기도 속에 눈물을 흘리며 하나님을 부르고 찾는다. 많은 사람이 예배드리며 그 속에서 하나님을 향해 간절하게 고백하기도 한다.

하지만 현실의 삶에서 우리는 얼마나 신실하게 믿음의 모습으로 살아가고 있는가? 이 시간 가만히 진단해 보라. 내 중심에 있는 믿음이 바로 생활이고 현실이 되어야 한다. 나의 발걸음과 숨소리에 묻어나오는 것이 진정한 믿음이다. 우리는 살아 있는 행함의 그리스도인이 되어야 한다.

리얼리티 없는 믿음, 리얼리티 없는 찬양, 리얼리티 없는 기도는 생각만 해도 마음이 점점 답답해 온다. 내 삶에 나타나지 않는 믿음은 그 자체로 허황된 것이다. 내 삶에 자연스럽게 배어나오지 않는 믿음은 단지 자기 위안이고 자기 최면에 머물 뿐이다. 감성에 흔들리는 찬양이 되지 않고 헛된 욕심으로 꾸미지 않은 순수한 기도가 바로 리얼리티가 존재하는 그리스도인의 모습이다.

보이기 위한 예배, 위로를 얻기 위한 기도가 아닌 선한 목적을 이루기 위해, 그리고 하나님의 뜻을 깊이 헤아리기 위한 리얼리티! 조금은 서툴고 느리지만 묵묵히 십자가를 지고 가는 우리의 모습이 텔레비전 속 그 어떤 스타 연예인들의 리얼리티보다 더 아름답고 더 귀중하다. 그리스도인으로서 우리 삶의 리얼리티가 하나님 아버지께 전정으로 영광을 돌리는 길이다.

열렬한 위로의
은혜

02

삶이 우리에게 쉬기를 청할 때 잃어버린 감사와 고백의 시간으로 재정비해야 한다. 우리는 분명 많은 은혜 가운데 살고 있다. 지금까지 걸어온 발걸음을 보며 미처 발견하지 못했던 감사와 찬양이 살아날 때, 우리는 예상치 못한 축복의 새 길을 볼 수 있을 것이다. 그리고 그 길을 예비하신 주를 향한 감사로 다시 한 번 뜨거운 열정을 품고 달릴 수 있을 것이다.

찬바람

얼마 전 부모가 친아들을 살해했다는 뉴스를 보면서, 상상할 수 없는 인간의 잔인성과 안타까움, 아이에 대한 슬픔이 내 가슴을 가득히채웠다. 또 죽은 아이의 시신을 냉동고에 넣어두고 조금씩 나누어 처리했다는 소식을 듣고는 정말 믿을 수 없었다.

부모의 마음은 절대 그럴 수 없다. 부모의 마음은 작은 바람 하나라도 아이의 옷깃을 넘을까 걱정하고, 혹여 아이의 땀방울이 찬바람에 얼어 감기를 모아올까 염려하여 아이를 안고 뛰는 그런 마음이다. 이렇게 찬바람 하나라도 막아주고 싶은 것이 부모의 마음일진대 어찌 아이를 차디찬 냉동고에 가두고 살 수 있었을까. 분명 그들의 정신 상태는 일반인과 같지 않을 것이다.

한 세대에 정신병자가 나오는 것은 삼 대에 걸친 결과라고 어떤 이는 말한다. 아들을 죽이고 냉동고에 보관해 온 부모 또한 어린 시절 부모의 학대와 폭력에 노출되었다고 한다. 또한 자신의 아들이 주의력결핍 과잉행동장애(ADHD)의 증세를 보이자 체벌만

이 아이를 위한 길이라 생각했다고 하니, 이들 부모 또한 안쓰럽고 안타까운 마음으로 품어야 하는지도 잠시 생각했었다.

우리는 살면서 여러 가지 찬바람을 가슴에 담고 살게 된다. 어떤 이들은 부모에 의한 찬바람을 한 자락 쥐고 살며, 또 어떤 이들은 배우자와 친구들로 인한 찬바람을 가지고 살아간다. 그런 찬바람들이 자꾸 따스한 온정을 꺼버리고, 사람에 대한 희망을 사라지게 만들기도 한다.

하지만 그 찬바람이 하나님의 온전한 사랑의 바람을 만나면 하늘하늘 산들산들 봄바람 되어 그 주위를 변화시키는 것을 보게 된다.

어쩔 수 없는 상처로, 나의 의지가 아닌 주위의 상황으로 내 속에 자리 잡은 찬바람이 있다면, 그 찬바람이 나와 내 주위를 망가뜨리기 전에 하나님의 사랑으로 따스한 온기가 가득한 심령이 되기를 간절히 바라고 소망한다.

답은 하나

"목사님, 어떻게 하면 세상에서 하나님의 말씀을 잘 지키고 행할 수 있을까요?" 많은 사람이 찾아와 하는 질문 중 하나다. 이런 질문을 받을 때면 많이 당황스럽다. 세상에서 하나님의 말씀을 지키고 사는 것이 나에게는 자연스러운 일이라 딱히 어떤 법칙이 있는 것은 아니기 때문이다.

그래서 그 사람들에게 오히려 이것저것 물으며 왜 그것이 힘든 것인지에 대해 물어보곤 했다. 그 모든 질문과 묵상을 하고 내린 결론은 이렇다. 너무 복잡하게 생각한다는 것이다.

하나님의 말씀을 믿고 행하는 것은 많은 법칙이 필요 없다. 단 한 가지, 명령에 대한 순종이 필요할 뿐이다.

사람들은 순종하지 않기 위한 변명을 무수히 많이 갖고 있다. 이건 이래서 안 되고 저건 저래서 안 되며, 이 사람이 내게 이래서 안 되고 저건 저 사람이 마음에 안 들어 안 되고. 그러다 보니 이것 피하고 저것 피하고 하는 원칙을 갖기 원하는 것이다.

> 예수께서 이르시되 할 수 있거든이 무슨 말이냐 믿는 자에게는 능히 하지 못할 일이 없느니라 하시니(막 9:23)

믿는 것에 무슨 법칙이 필요한가? 무슨 원칙이 필요한가? 믿지 못하는 것이 문제다. 나의 능력과 나의 노력이 아닌, 또 나의 고집이 아닌 오직 주의 그 능력을 믿지 못해서이다. 믿는 자는 하게 된다. 믿는 자는 나아가게 된다. 믿는 자는 이루게 된다.

나아감의 속도에 불만이 있는가? 넘어섬에 장애를 느끼는가? 행함에 주저함이 있는가? 확인하고 또 확인해 보라. 간단한 그 공식에 대입해 보라. 답은 언제나 하나다. 바로 하나님의 진리와 질서 가운데 순종하는 것이다.

십자가 앞에서

． ． ． ． ． ． ． ． ． ． ． ． ． ． ． ． ． ．

    사람들은 사는 동안 많은 일을 겪으면서 자연스레 불안과 두려움을 대면하게 된다. 아이를 키우는 엄마는 양육을 혹 잘못하는 것은 아닌지 불안해하고, 내 아이가 다른 아이들과의 경쟁에서 뒤질세라 불안해하며, 성장이 늦되지는 않은지 다른 아이들과 견준다. 내 아이가 조금이라도 모자란다 싶으면 마음속의 불안을 없애기 위해 여러 가지 방법을 찾아 나선다.

    사업을 하는 사람들도 마찬가지다. 더 많은 이익을 추구하기 위해 끝없는 불안과 싸우고, 현실의 두려움을 떨쳐버리기 위해 식사 시간까지 줄여가며 뛰어다닌다.

    우리는 지금보다 더 나은 것, 더 풍족한 것을 위해 현실 속에서 안달하며 살아간다. 나막신을 파는 아들과 우산을 파는 아들을 둔 어머니가 비가 와도 걱정, 맑아도 걱정을 했다는 이야기를 우리는 알고 있다. 마찬가지로 우리의 삶도 항상 두려움과 불안, 걱정으로 가득하다.

우리 삶에 가득한 이 두려움들을 어떻게 이겨낼 수 있을까? 그것은 '십자가 앞에서'만 가능한 일이다. 우리가 십자가 앞에 설 때 두려움을 온전히 벗어버릴 수 있고 두려움을 뛰어넘어 평안함을 누릴 수 있다.

세상 속에서 일상을 살아가며 어떻게 매 순간 십자가만 바라보고 살 수 있을까? 그 대답은 이것이다. 우리가 십자가 앞에 가졌던 첫 마음과 무릎 꿇음의 겸손함 그리고 그 모든 것을 주님께 의탁하는 순결한 믿음으로 살아갈 때 가능한 일이다.

나의 걸음을 가로막고 잡아끌어 나를 약하게 만드는 문제를 만났을 때, 두려움이 나를 덮쳐올 때 가만히 십자가를 떠올려 보라. 지금의 고난이 과연 골고다 언덕을 오르시던 주님의 그 시련과 맞먹는지, 아무 이유 없이 묵묵히 십자가를 지신 그 순결한 사랑 앞에 나의 아픔이 정당한 것이라 소리칠 수 있는지 가만히 묵상해 보라.

손가락

　자녀를 양육한 사람은 외동이 아니면 누구나 편애라는 단어를 한번쯤 생각해보았을 것이다. 열 손가락 깨물어 안 아픈 손가락 없다고는 하지만 이는 부모들의 공공연한 거짓말이라며 우스갯소리로 누군가는 말했다. 그 중에 덜 아프고 더 아픈 손가락이 있다는 것이다. 자기와 성향이 더 잘 맞는 자녀가 있고, 또 나를 많이 닮았든지 아니면 나의 못난 부분을 내리받아 더 안쓰럽든지 더 마음이 가는 자녀가 있는 것은 어쩌면 자연스러운 것이다.

　한 성도가 아주 심각한 표정으로 나에게 다가와 물었다.

　"목사님, 하나님도 편애를 하시나요? OOO는 기도도 안 하고 예배생활도 안 하고 십일조도 대충하던데, 왜 그렇게 일이 잘되고 저는 매일 이 모양 이 꼴이냐고요."

　얼마나 답답하면 그럴까도 싶지만 내 대답은 언제나 같다.

　"하나님은 공평하신 분입니다. 하나님은 성도님도 천하의 그 누구보다 귀하게 여기십니다."

그래도 무엇이 억울했는지 눈망울 가득 눈물까지 그렁거리기에 축복 기도를 해 주었다.

집으로 돌아오는 차 안에서 곰곰이 생각해보았다. '어쩌면 그분처럼 궁금해하고 답답해하는 이들이 더 많지는 않을까?' 정말 '공평하신 하나님'이라는 문구 하나로 그분들을 납득시키고 만족할 만한 대답이 될 수 있을지를 고민했다. 그렇게 고민하면서 다음과 같은 결론을 내렸다.

그것은 '사랑의 경중이 아닌 은혜의 때에 관한 문제'라는 것이다. 분명 하나님은 공평하시다. 그런데 그 공평은 우리가 가지고 전하는 사랑으로는 감히 이해할 수 없다. 그렇기 때문에 우리처럼 '편애'라는 단어로 그분의 사랑을 말할 수 없는 것이다.

감히 하나님의 그 사랑에 관해 생각해보니, 하나님은 각자의 삶을 하나하나 만지고 다듬고 이끌어 가시는 분이다. 그래서 쉬이 내어주시지도 허락하시지도 마무리 지으시지도 않고 때를 기다리시는 것이다.

우는 아이 떡 하나 더 주는 것처럼 "옛다." 하고 응답을 주시는 것이 아니라, 그 사람의 상황과 중심, 그리고 그 사람과 연관된 사람들과 그 사람이 미치는 선한 증거까지 계산하시고, 가장 합당한 때에 은혜를 베푸시는 것이다.

왜 옆집의 누구는, 내가 아는 어떤 이들은 하나님이 더 사랑하시고 나는 이리 내버려두시나 하는 원망 아닌 원망의 마음이 생긴 적이 있는가? 걱정하지 마라. 절대 그럴 일은 없다. 하나님의 손가락은 깨물면 다 똑같이 아프다. 하나님의 사랑은 우리 작은 가슴의 사랑과는 절대 비교가 불가하다.

궂은 날이 지나면 밝은 날이 오고, 추운 날이 지나면 따사로운 햇살이 다가오듯 응답의 때는 분명 곧 온다!

생각의 전환

현대인들은 많은 불안 요소를 안고 살아간다. 무섭게 변해가는 세대의 분위기도 한 몫을 하고, 많은 것을 누리고 사는 만큼 걱정거리도 더 늘어나기 때문이다. 뉴스를 보면 가슴이 내려앉는 소식들이 얼마나 많은지 보는 내내 마음이 편치만은 않다. 이런 불안들이 이제는 표면적인 증상들로 나타나기 시작했다. 많은 연예인들이 갖고 있다 하여 연예인병이라고도 불리는 '공황장애'도 불안이 극대화되었을 때 나타나는 증상이다.

기쁜 일을 만나도 온전히 기뻐하지 못하는 사람이 얼마나 많은지 모른다. 이 기쁨과 행복이 나의 불안 요소로 인해 혹시 깨지지는 않을까 염려하고 걱정하는 마음 때문이다.

하지만 우리는 불안이라는 그리 반갑지 않은 이름과 동행해야 한다. 이 불안이라는 요소는 이 세상에 감정을 지닌 사람이라면 누구에게나 응당 발생하는 자연스런 감정이기 때문이다. 다만 개인의 영적인 성숙도와 인간적인 훈련 및 성격 차이에 따라 빠르게 소멸되기도 하고, 또 어떤 이들은 여러 해 동안 가슴에 품고 살아가기도 한다.

지금 지켜야 할 것이 있고 놓치고 싶지 않은 것들이 있으며, 다른 것들을 소유하고 싶은 사람은 불안할 수밖에 없다. 무소유의 행복을 논하자는 것은 아니다. 다만 이런 불안 요소가 자연스런 감정의 일부분이라면, 우리는 이 불안을 좀 더 쉬운 녀석으로 만들 필요가 있다는 것이다. 감정에 치우치지 않고 다루기 쉬운 이름으로 만들어야 한다.

우리에게는 불안이란 감정을 다스릴 수 있는 아주 강력한 무기가 있는데 그것은 바로 '믿음'이다. 그 믿음을 확인하고 굳건히 할 수 있는 것이 바로 '기도생활'이다. 너무나 익숙하게 많이 들어온 이야기라 쉬이 지나쳐 버리는 것은 아닐까? 불안이 나를 흔들 때 무릎 꿇고 그 모든 것을 내려놓으라. 하나님의 인도하심만 따르겠다고 고백하라. 그리고 그분의 인자하신 사랑을 느끼라.

이제, 우리에게 생기는 불안은 하나님께 우리를 무릎 꿇게 하는 하나의 요인임을 인지하기 바란다. 세상 사람들과 우리가 다른 것은 우리를 그 어떤 위험에서도 지킬 수 있는 강력한 방패가 있느냐 없느냐의 차이다. 우리를 지키는 강력한 힘은 바로 기도로 무장하는 것이다.

모래 알

다른 보석과 달리 진주는 땅에서 캐내는 것이 아니라 조개 몸 안에서 만들어진다. 조개 몸속에 한 알의 작은 모래알이 들어가면 조개는 고통을 받는다. 그러나 모든 조개 속에 모래알이 들어간다고 다 진주가 되는 것은 아니다.

모래알을 품은 조개는 두 가지 반응을 보이는데, 하나는 몸속에 들어온 모래알을 무시해 버린다. 또 다른 하나는 고통을 이기기 위해 모래를 감싼다. 모래알을 무시해 버리는 조개는 병들어 죽게 되지만 모래알을 받아들인 조개는 몇 년이 흐른 후 아름다운 진주를 품게 된다.

진주가 되기까지 조개는 다른 이들이 알 수 없는 고통을 홀로 이겨낸다. 아름다운 진주의 첫 시작은 아픔인 것이다. 모래알을 그저 모래알이 아닌 귀한 값어치의 보물로 만들어내는 것이 아마도 진주의 진정한 가치가 아닐까.

우리의 신앙생활에도 이처럼 모래알과 같은 시험과 고난이 찾아오곤 한다. 어떤 이들은 이런 고난을 그저 무시하고 지나치고 싶어 하고, 또 어떤 이들은 고난의 풍랑 뒤에 하나님의 어떤 의도가 있을까를 고민하고 묵상하며 이겨내고자 노력한다.

세상에 그 누구도 고민 없이, 아픔 없이 살아갈 수 없다. 누구에게나 각자의 분량에 맞는 아픔과 상처가 있는 것이다. 이 아픔과 상처라는 모래알을 어떻게 대하고 처신하는가에 따라 진주를 만들기도 하고 영혼이 죽기도 하는 것이다.

지금 내가 겪고 있는 고난이 어떤 진주가 되어 나를 빛나게 할지는 아무도 모른다. 가만히 자신 안에 있는 모래알을 보라. 혹 내가 힘들까 아플까 염려하여 애써 외면했던 모래알이 없는가 살펴보라.

나를 향한 하나님의 의도하심과 그것을 헤아리는 것, 그 첫 시작은 우리 안에 있는 모래알을 하나님의 사랑과 믿음으로 기꺼이 품는 것이다.

주신감 主信感

....

진리를 알지니 진리가 너희를 자유롭게 하리라(요 8:32)

"하나님이 제게 너무 하시는 것 같아요. 왜 저만 외면하시는지 모르겠습니다."

한 분이 찾아와 이렇게 말했다. 이어서 자신의 현재 상황과 자신이 했던 기도, 헌금 등의 노력을 장황하게 한참 설명했다. 가만히 듣고만 있는데, 그분이 더 확신에 찬 눈빛과 목소리로 내게 물었다.

"제가 무얼 더 해야 하는 겁니까? 목사님도 제가 할 건 다했다고 생각하시지요?"

나는 그저 가만히 있었다. 그분의 재촉이 또 이어졌다. 그런데 그분께 드릴 말씀은 딱 이것뿐이었다.

"자신 있습니까? 지금 그 말씀에 자신이 있습니까? 모든 걸 다 했다고 자신할 수 있습니까?"

"네!"라고 그분이 더 큰 소리로 따지듯 답했다.

"그것이 잘못된 것입니다. 스스로 생각하기에 자신의 노력을 다했다 자부하는 그 마음이 잘못된 것입니다. 우리가 '나는 무엇을 정당하게 다했으니 내게 이만큼을 채우라.'고 하는 그 마음이 잘못된 것입니다. 이 모든 상황의 잣대와 결과까지도 정해 놓고 응답을 기다리는 그 기대가 잘못된 것입니다. 무엇을 더 해야 하는지 물으셨습니까? 내려놓으십시오. 그 마음과 원망을 내려놓고 무엇보다 그 마음의 주인 자리를 아버지께 드려야 합니다."

처음에는 이 말에 수긍할 수 없다는 듯 어깨까지 들썩이며 겨우 앉아 있던 그분이 큰숨을 내쉬고는 기도를 청했다. 그래서 온 마음을 다해 그분의 상한 심령에 대한 위로와 앞으로의 내려놓음을 위해 기도했다. 자신감(自信感)이 아닌 '주신감'(主信感)으로 살아갈 수 있도록, 그리고 세상을 바라보는 눈이 인간의 편협한 시선이 아닌 하나님의 온전하신 뜻을 헤아릴 수 있는 성령의 눈이 되도록 말이다.

돌아서는 그분의 어깨가 들어올 때보다 더 축 처졌지만 그분의 뒷모습에서 희망을 보았다. 그리고 소망하게 되었다. 나의 그 모든 자아가 깨지고, 나의 욕심이 녹아지고, 나만의 계획과 주장이 내려지는 그날, 우리는 그 어깨에 날개를 갖게 될 것이다. 보지 못한 것까지 보게 될 것이고, 구하지 못한 것까지 누리게 될 것이며, 이미 많은 것을 품고 있을 것이다.

우리는 가끔 많은 착각과 오해 속에 살고 있다. 내가 이만큼 했으니 이만큼의 응답은 당연하다는 세상의 논리로 하나님 앞에 너무 큰 자신감을 보인다.

이 세상은 자신감을 가지고 살아갈 수 있는 곳이다. 하지만 하나님의 세상에서는 전혀 의미 없는 논리이다. 하나님은 우리가 무엇을 얻고 얼마만큼 누리는지에 관심이 있으신 것이 아니다. 하나님은 우리 심령에 관심이 있으시다. 겉모습과 껍데기보다 우리의 낮아짐과 그 사랑에 관심을 두신다.

우리가 그분의 사랑 안에 온전히 구속되고 내려놓으면 그동안 소소하게 구했던 모든 것에 대한 자유가 주어질 것이다.

낮은 자의 예수

많은 사람이 믿음을 이야기한다. 그리고 그 믿음생활에 대해 이야기한다. 어떤 이들은 뛰어난 언변으로 그 안에 있는 예수를 다른 이들에게 참으로 멋있고 그럴듯하게 보여주기도 한다. 또 어떤 이들은 변덕스러운 성정으로 인해 그가 말하는 예수도 가벼이 느끼게 만들기도 한다.

목회자의 길을 걷다 보면 많은 사람이 말하는 예수를 만난다. 교만한 자의 예수와 낮은 자의 예수, 거짓말하는 자의 예수와 진심의 예수. 어떻게 같은 예수가 이리도 다르게 보일 수 있을까? 진리의 예수는 단 한 분인데 말이다.

내가 믿음의 사람을 구분하는 기준은 딱 한 가지다. 그 중심에 예수가 살아 있느냐 없느냐 이다. 이 기준은 문제와 고난을 만났을 때 자연스레 나타나게 되어 있다. 평소 믿음이 깊은 사람으로 보이던 이가 작은 문제 앞에서 가눌 수 없이 흔들리는 것을 보면 그 중심의 예수가 과연 살아 있는 존재인가 허구의 존재인가 알 수 있다.

우리는 흔히 '낮은 자의 예수'라는 표현을 자주 인용한다. 이 표현이 얼마나 크고 대단한 것인지에 대해서도 자주 묵상한다.

낮은 자. 이 얼마나 힘들고 힘든 것인가? 낮은 자는 나의 것이 없어야 한다. 낮은 자는 온전히 주인의 주권 아래 놓인 자여야 한다. 낮은 자는 십자가 앞에 온전히 죽은 자여야 한다.

하지만 우리는 죄성을 품은 인간인지라 얼마나 많은 욕심과 갈등과 번뇌 앞에 흔들리고 넘어지는가? 우리의 흔들림과 욕심을 잠재울 수 있는 것은 중심의 예수뿐이다.

가정 예배 때 아이들에게 즐겨 인용하는 성경구절이 있다. 바로 다윗의 고백이다.

> 하나님이여 내 마음이 확정되었고 내 마음이 확정되었사오니
> (시 57:7)

아들이 그동안 잘 다니던 로스쿨 졸업을 앞두고 신학을 공부하기로 진로를 결정할 때에도, 딸아이가 교회라는 울타리를 떠나 자신의 공부를 위해 떠나고 싶어 할 그때에도 나는 그 답을 그 속에 있는 중심의 예수 그리스도와 의논하라고 말했다. 그리고 그 중심의 외침에 반응하라고 말해주었다.

아이들 역시 자신들의 마음속에 살아 계시는 중심의 예수 그

리스도와 만나 묵묵히 자기의 길을 건강하게 걸어가고 있다. 물론 그 걸음 가운데 넘어지고 흔들리기도 하지만 그 또한 내 몫이 아닌 아이들 스스로가 하나님과의 관계를 통해 해내야 할 몫임을 알기에 그저 묵묵히 지켜보기만 한다.

우리가 어떤 문제를 만났을 때, 흔들림이라는 고비를 만났을 때 가만히 내 안에 살아 숨 쉬는 중심의 예수 그리스도를 불러보기 바란다. 그리고 그분을 만났던 첫사랑의 감격과 구원의 기쁨, 그 중심을 회복하기 바란다. 중심의 회복은 바로 현실의 문제와 상황을 넘어서는 것이기 때문이다.

뜸 들이는 시간

한 분이 집회 중에 상담을 요청했다. 여러 목회자들과 함께 진행한 집회이기에 이래저래 요청하는 자리도 많고 밀린 결재도 많아 시간이 부족했다. 잠시 고민하는 데 동행했던 한 목사님이 그 요청을 단칼에 거절하셨다.

순간 그분의 얼굴은 당황한 기색이 역력했다. 거기서 내가 나서서 그 성도에게 시간을 주면 거절하신 그 목사님이 우습게 될 것 같아 아무런 말도 못하고 그렇게 지나쳤다. 그리고 한참을 지나 이번 집회에서 그분을 다시 만나게 된 것이다.

그분은 다시 상담을 요청했고, 이번에는 미안한 마음에 이미 계획된 약속을 잠시 뒤로 미루고 만났다. 그분의 담임목사님도 함께했는데, 그 목사님이 웃으며 이렇게 말씀하셨다.

"목사님! 목사님이 이분 목숨을 살리셨대요."

무슨 소리인가 의아했다. 그 내용은 이랬다. 이전에 상담을 요청했을 당시 운영하던 사업체가 남의 손에 넘어가 죽어야겠다고 마음을 먹었는데, 내가 인도하는 집회 현수막을 보고 마지막으로 예배를 드려야겠다는 생각을 했었다는 것이다. 설교를 듣고 혹 자신 같은 사람의 고난에도 하나님의 의도하심이 있는 것인지 직접 물어보고 싶었다고 했다. 그런데 당시 상담이 이루어지지 않았고, 중간에서 상담을 막아버린 그 목사님에게 화가 나서 그날 밤 죽으려던 계획을 바꿔, 그렇게 하루하루 버티며 살아왔다는 이야기였다. 다행히 자신을 믿어주는 몇몇 지인들이 자그마한 공장을 빌려주어 다시 재기할 수 있는 빛이 보인다고 했다.

그분에게 '다윗' 이야기를 해 드렸다. 하나님의 기름부으심과 훈련의 시간은 같은 것이고, 그것은 또한 큰 뜻의 사랑이라고 말했더니, 그분은 고개를 끄덕이며 어린아이처럼 엉엉 울었다. 그리고 이렇게 말했다.

"네, 목사님. 이제야 무슨 말인지 알겠습니다. 그런데 참 웃긴 것은 만약 그때 목사님을 순조롭게 만나 이런 말을 들었다면 마음속에 잘 들어오지 않았을 것입니다. 그런데 시간이 흐르고 목사님 말씀처럼 광야를 걷고 보니 무슨 말씀이신지, 하나님이 제게 원하시는 게 무엇인지 알겠습니다. 이 만남을 이토록 오래 기다리게 만드신 것도, 그때 저를 막아서신 그 목사님도 다 하나님의 의도하심이겠지요? 전 이제 하나님께 가슴이 마구 설레기 시작했습니다."

그분의 담임목사님과 합심하여 축복 기도를 해 드리고 돌아서는데 내 눈에도 괜스레 눈물이 맺혔다. 중년을 훌쩍 넘긴 한 남자의 어린아이 같은 고백과 눈물에 가슴이 울컥했다. 그분의 말처럼 이렇게 소소한 만남과 관계 속에도 언제나 지극히 높고 깊은 사랑으로 관여하시는 하나님의 눈길에 가슴이 떨렸다.

맞다. 우리에게는 때가 있다. 우리의 때가 아닌 그분의 때, 하나님의 때를 만나 우리는 함께 웃고 열매를 맺는다. 또 하나님의 때를 만나 고난을 겪기도 하고, 그 고난을 통해 더욱 큰 그릇이 되기도 한다.

밥을 지을 때 우리는 뜸을 들인다. 다 익었어도 더 깊은 맛이 들게 하는 시간을 주는 것이다. 이렇게 잠시 뜸을 들이는 그 시간이 우리에게는 참 고역일 수도 있다. 하지만 그 시간이 없다면 우리의 존재는 온전한 맛을 낼 수 없을 것이다.

혹여 답이 없어 보이는 길을 가는 자녀가 있는가? 아니면 답답한 인생에 희망이란 것을 도저히 찾을 수 없는가? 하루하루 살아가는 것이 그리 큰 행복도 큰 기쁨도 없어 밋밋한가? 그럴 땐 가만히 이렇게 속으로 되뇌어 보라.

'지금은 하나님이 뜸을 들이시는 시간인가 보다. 내 인생의 진한 맛을 내는 뜸을 들이시는 시간.'

하나님은 다 아신다

우리가 처음 하나님을 내 삶 속에서 살아 있는 존재로 만났을 때 느끼는 큰 감동 중 하나는 이것이다. 하나님은 나의 모든 것을 다 아시고 지금까지 나의 모든 삶 속에 관여하고 만져주셨다는 것이다. 내가 굳이 입을 열어 변명하지 않고 지난 세월을 눈물로 고백하지 않아도 이미 다 알고 나를 품고 토닥여 주시는 존재….

그런데 시간이 흘러감에 따라 그 감동은 어느새 희미해지기 시작한다. 그리고 하나님은 나를 다 아신다는 믿음이 가끔은 불편하게 느껴지고 어느 부분은 두려워지기도 한다. 어느새 "하나님은 다 아신다."라는 명제가 "하나님은 다 아실까?"로 변질되기도 한다. 또 어떤 이들은 "하나님은 모르실 거야."라는 나름의 방패막이를 하고 살아간다.

그러나 결론적으로, "하나님은 다 아신다." 우리의 어긋남과 세상과 타협하는 편협함도 다 알고 계신다.

믿음이라는 진리가 인간이라는 불완전한 그릇과 만나면 왜 이리 변질되고 변형되고 축소되는 것일까? 아마도 그것은 인간의 불완전함 속에 담겨있는 불안과 욕심 때문일 것이다. 우리는 스스로가 잘못된 길임을 알고 있지만 돌이키지 않고 자기 최면으로 합리화하기도 한다.

'하나님은 사랑의 하나님이니까, 나를 다 이해하실 거야.'
'나중에 회개하면 될 거야.'

그러면서도 두려움 때문에 이런 생각을 하기도 한다.

'아⋯ 하나님이 나를 이제 버리실 거야.'
'나를 아주 크게 혼내시겠지.'

왜 이렇게 반응하는가? 그것은 세월이라는 흔적과 그 시간 동안 본인이 만들어 온 내적인 문제와 이것에 기인한 상처와 그 흔적으로 인해 변형된 그릇의 모양 때문이다.

그러면 우리가 나아가야 할 참된 그리스도인의 모습은 무엇일까? 우리는 사람이기 때문에 언제나 실수할 수 있고, 욕심을 품을 수도 있으며, 잘못을 저지를 수 있다. 때문에 우리가 잘못이라는 것을 아는 그 순간 멈추면 된다. 자꾸 자기 합리화와 하나님에 대한 두려움을 억지로 숨기며 슬금슬금 피할 때 문제가 되는 것이다. 잘못된 길임을 알았을 때 돌이켜 원래의 자리로 가면 된다. 욕심과 불안과 현실의 안위가 내 발을 자꾸 동여맬 때, 우리가 반드시 기억해야 할 것은 "하나님은 다 아신다."는 것이다.

하나님은 다 아신다. 우리의 약함도 우리의 추함도 다 아는 하나님이시기에 우리의 돌이킴을 기뻐하실 것이다.

하나님은 어긋남을 꾸짖기보다 다시 돌아온 우리에게 묻은 검댕을 닦아 주시고, 우리의 상처를 치료하시는 분이다.

"하나님은 다 아신다."

혹여 이 말이 아프고 두렵다면 바로 돌아서기 바란다. 우리의 모든 것을 아시고 다 품어주시는 내 주님께로.

막다른 길

우리는 때로 인생을 길에 비유하곤 한다. 그리스도인들이 걸어야 할 길을 '좁은 길'이라고도 부른다. 그 인생길이 때로는 넓고 곧아 많은 사람과 즐겁게 넉넉한 마음으로 걷기도 하고, 가시밭이 펼쳐진 고난의 길을 걷기도 한다.

우리는 인생길을 계속 걷고 있다. 그러다가 평탄한 길과 맞닿은 길 끝에 가시밭길이 보이면 모두 놀라 뒷걸음질을 친다. 그 앞에서 지금 이 가시밭길을 어찌 걸을까를 고민하기보다 자꾸 현실을 부정하고 '예전에 나는 이랬는데.' '나는 이런 사람인데.' 하며 과거 지향적인 생각에 빠진다. 이 또한 자기 보호 방법의 하나로 당장 감당하기 힘든 현실을 부정하고 좀 더 편하고 좋았던 과거를 떠올리며 현재의 아픔을 잊고자 한다.

그런데 어떤 길이든 언젠가 끝은 있다. 흙탕길도, 꽃길도, 자갈밭길도, 가시밭길도 끝이 있다. 하지만 사람이 막다른 길을 만나면 순간 멍해진다. 나도 이 세상을 살아가며 몇 번인가 막다른 길을 만났었다. 하나님을 만나기 전에는 젊은 혈기에 극단적인 마음을 품기도 했다. 막다른 길을 만난 사람들은 이제 더는 자신의 인생길에 아무것도 없을 것이라는 판단을 한다. 그래서 이제 더 있을 필요도 가치도 없다고 생각하고 이 세상을 떠나는 것에만 의미를 두게 된다. 이런 부정적인 생각들은 눈덩이처럼 점점 불어나 막다른 길을 헤쳐나가는 것에는 아무런 희망도 두지 않는다. 오로지 그 길 앞에 서 있는 자신이 없어지는 것만 집중하게 된다.

하나님을 만나기 전 내 모습도 그랬다. 그러나 하나님을 만난 후 막다른 길을 만날 때마다 또 다른 감사가 있었음을 고백한다.

"하나님 저는 아무것도 할 수 없습니다. 하나님이 저의 주권자이시니 그 모든 것, 나의 생명까지도 당신께 드립니다."

무릎 꿇고 온전하신 그 뜻만 구할 때 막혔던 길을 옮겨주심을 보게 된다. 그러나 오직 한길 밖에 없다고 생각하면 절망적이다. 하지만 그 길을 옮기시고 새 힘을 허락하시는 주권자를 인정하면, 막다른 길을 만나도 크게 숨을 쉬고 주위를 둘러볼 수 있는 여유가 생긴다.

이제는 막다른 길을 만난 분들에게 하나님의 크고 따스한 손을 만나게 하고, '다 끝났다.'고 울고 있을 그들의 어깨를 가만히 다독이고 싶다.

가난
....

한 지역에서 가난을 체험하는 곳을 만들겠다 하여 여러 말들이 오갔다. 그곳을 찾은 한 엄마가 그 지역 아이를 보며 자신의 아이에게 "너 공부 안 하면 저렇게 되는 거야."라고 말했다고 한다. 이 이야기가 진실인지 허구인지는 모르겠지만 가난을 체험한다는 그 문구가 가슴을 짓누르고 아프게 한다.

가난은 체험해서 알 수 있는 것이 아니다. 조금 덜 먹고, 조금 덜 쓰고, 조금 덜 누리는 것이 가난이 아니다. 가난해서 부모와 떨어지고, 가난해서 다른 아이들과 모든 것이 비교되고, 가난해서 내 소리 한번 못 내고, 가난해서 설움과 멸시를 삶의 일상으로 받아들이는 것, 그로 인해 부모는 가난을 죄스럽게 여기고, 자녀들은 가난을 헤어날 수 없는 큰 짐으로 물려받게 되는 비참함, 그것이 가난이다.

가난을 체험해서 현재의 삶에 대한 행복지수를 높이고, 풍요 속에 배고픔을 느껴 보는 것으로 우리가 얻는 것은 무엇인가? 난 저들보다 잘 살아서 행복하다. 난 저들보다 나은 삶을 유지해서 감사하다. 이런 깨달음을 얻기 위해 가난을 체험해 보는 상품을 만들려고 했던 것일까?

나는 가난을 통해 일어설 힘을 얻었다. 가난해서 부모님과 떨어져 지내야 했고, 다른 아이들에게는 당연했던 일상을 가난해서 내 손으로 일궈 유지해야 했으며, 가난해서 배고프고 굶주리고 많은 상처를 감당해야 했다. 어쩌면 가난은 내게 꼭 벗고 싶었던 목표였을지도 모른다. 어느 곳에 있어도 동료보다 더 많이 움직였고, 부지런을 떨었다. 전투적으로 살았고, 사업을 하며 성공도 이루었다. 갖고 싶은 걸 갖게 되었고, 내 아이들에게는 다른 집 아이들보다 더 많은 것을 누리게 해 줄 정도가 되었다.

하지만 어린 시절부터 날 힘들게 했던 그 가난은 인생의 성공으로 치유되는 것은 아니었다. 신학을 공부하고 중심의 깊은 하나님의 음성을 따라 사역을 시작하면서 조금씩 가난이란 것이 아프기만 한 것이 아니라 다른 이들을 향한 문이 될 수 있음을 느끼고 진정 감사하게 되었다. 가난을 통해 하나님이 나에게 얼마나 많은 것을 가르치셨는지, 가난이란 터널을 지나며 나는 얼마나 낮아지고 쓰러졌는지 모른다.

가난은 다른 이들이 쉬이 만지고 체험할 수 있는 것이 아니다. 가난을 경험한 자만이 느낄 수 있는 진한 슬픔이고 아픔이다. 하지만 그 가난을 통해 다듬어지고 만져진 수많은 삶이 하나님을 통해 다시 만져지고 옷 입혀질 때 얼마나 큰 힘이 되고 귀한 열매가 될지 알고 있다. 그렇기에 그 힘든 길을 걷는 이들의 손을 가만히 잡고 함께 걷고 싶은 것이다.

가난하다고, 가진 게 없다고 엎드리고 넘어져서는 안 된다. 앞으로 성공하고 더 많은 것을 가질 것이라는 소망을 말하는 것은 더더욱 아니다. 지금의 그 고난과 아픔이 하나님으로 인해 아름답고 의미 있게 새겨질 것을 알고 믿기에 진심을 다해 응원하고 박수를 보내는 것이다.

쉼표 찍기

우리가 살아가면서 가장 힘들고 곤혹스러울 때는 아무 준비 없이 '막힘'을 만날 때다. 사업이 뜻하지 않은 곤경으로 막히기도 하고, 사람 사이의 관계가 뜻하지 않은 오해로 막히기도 하고, 육체의 건강 앞에 뜻하지 않은 질병으로 생활에 막힘이 찾아오기도 한다. 준비된 상태에서 어려움을 만나도 힘든데, 손 놓고 절망과 고난을 맞으니 더욱 황망하고 답답함에 소리 없이 눈물만 흘리는 경우들을 우리 주변에서 어렵지 않게 찾아볼 수 있다.

이렇게 우리의 삶이 잠시 멈춘 듯할 때, 이길 수 없는 어둠이 우리를 힘들게 할 때, 우리는 숨을 고르고 쉬어가야 한다. 건강한 '쉼표 찍기'가 필요하다. 쉼을 통해 주변을 환기시키는 것이 또 다른 큰 도약을 위한 준비가 될 수 있기 때문이다.

모든 것을 내 탓으로 돌리고 자책하라는 것이 아니다. 또 남을 탓하라는 것도 아니다. 다만, 쉬면서 발걸음을 돌아보고 그 바쁜 보폭 속에 놓친 것은 없는지 다시 한 번 짚어보며 하나님께 드리지 못한 감사와 찬양을 고백하기 바란다.

숨 쉬는 이 순간이 얼마나 감사한지, 얼마나 아름답고 찬란한 시간인지 우리는 너무나 자주 잊고 살아간다. 한 줌의 햇살이 얼마나 큰 감격과 기쁨을 주는지는 어두운 터널에 미로처럼 갇혔던 자만이 알 수 있다. 쏟아지는 빗줄기가 얼마나 감사한지는 뜨거운 사막을 물 한 방울 없이 걸어온 자만이 알 수 있는 감격이다.

삶이 우리에게 쉬기를 청할 때 잃어버린 감사와 고백의 시간으로 재정비해야 한다. 우리는 분명 많은 은혜 가운데 살고 있다. 지금까지 걸어온 발걸음을 보며 미처 발견하지 못했던 감사와 찬양이 살아날 때, 우리는 예상치 못한 축복의 새 길을 볼 수 있을 것이다. 그리고 그 길을 예비하신 주님을 향한 감사로 다시 한 번 뜨거운 열정을 품고 달릴 수 있을 것이다.

위장색

모든 기도와 간구를 하되 항상 성령 안에서 기도하고 이를 위하여
깨어 구하기를 항상 힘쓰며 여러 성도를 위하여 구하라(엡 6:18)

나를 보면 언제나 달려와 인사를 건네고, 예배가 끝나면 말씀에 은혜를 받았다고 밝게 웃어주며 음료수를 건네던 분이 있었다. 우리 교회 성도는 아니었고, 거리가 먼 곳에 있는 교회의 권사님이라고만 소개를 하여 그런가 보다 했다.

몇몇 목회자들이 모여 회의를 마치고 식사를 하기 위해 나서는데 그 권사님이 다가와 인사를 건넸다. 동행하던 목사님 중 한 분이 깜짝 놀라며 "OOO 권사님, 저 모르세요?" 하고 말을 건네자 그분은 당황하여 어쩔 줄 몰라 하며 줄행랑을 쳤다. 저러다 넘어지면 어쩌나 할 정도로 빠르게 도망치는 모습을 우리 일행 모두 입을 벌리고 바라보다가 고개를 돌려 그 목사님을 쳐다보았다.

"저분이 저희 교회에 이단을 몰고 왔었습니다. 글쎄, 5년 동안 얼마나 열심을 내고 성도들에게 본이 되는 믿음생활을 하시는지 온 교인은 물론이고, 저희 부부도 저분을 완전히 믿었었지요. 그렇게 순하고 착하던 분이 자기 정체가 알려지니까 교회를 풍비박산을 만들고 나가더군요. 그때 성도가 반 이상 떠났습니다. 목사님, 저분 기억하셨다가 꼭 발걸음도 못하게 하셔야 합니다. 저렇게 인상이 좋고 순해 보여도 절대로 믿으시면 안 됩니다."

그 말을 듣고 참 씁쓸했다. 집에 와서도 그 언덕길을 줄행랑치던 그분의 뒷모습이 자꾸 떠올랐다. 밝게 웃으며 진심인 듯 건네던 그분의 모든 것이 거짓이라는 사실이 가슴 아팠다. 그러고 보면 어디 나쁜 사람이 "나 나쁜 사람입니다. 사기 칠 사람이니 곧 사기 칩니다." 하고 써놓고 다니는 것도 아니니 잘 살피고 겪어보아야 그 사람의 진짜 색을 알 수 있을 것 같다.

그분의 황망히 도망치던 뒷모습을 떠올리며 적을 속이기 위한 '위장색'이라는 것에 대해 생각해보았다. '위장색'이란 위장방법의 한 가지로 군복이나 비행기, 전차, 건물 등에 여러 색을 불규칙하게 칠해 다른 물체와 구별하기 어렵게 배경에 융화되어 보이도록 만든 색을 말한다.

우리는 지금 마지막의 때를 살아가고 있다고 종종 말한다. 그만큼 세상이 험하고 무서워지며, 많은 것이 우리를 위협하기 때문이다. 하나님을 믿고 따른다고 하면서 진리를 떠나 자기들만의 철학과 유익을 벗 삼아 다르게 풀이하고, 모든 성도의 믿음을 물질과 세상적 논리로 바꾸어 파는 장사꾼들도 생기는 이때에 우리는 모두 좀 더 경계하고 깨어 있어야 할 것이다.

깨어 살피라. 악한 이들의 웃음 뒤에 숨겨진 사악한 발톱을 살피라. 적은 겉으로는 웃지만 가슴에는 날카로운 칼날을 숨기고 우리에게 다가오고 있다.

희생과 양보

　우리를 힘들게 하는 생각 중에 하나가 바로 '왜 나만'일 것이다. 오롯이 혼자 견뎌야 하는 고통이나 삶의 짐은 어쩌면 더 쉬울지 모른다. 그런데 나 혼자 무리에서 떨어져서 생기는 박탈감과 그로 인한 자존감의 상처는 스스로 자신을 죽이고 상처내야 하는 것이라 더욱 아프고 힘이 든다.
　어떤 이는 말한다.
　"너 하나의 희생으로 많은 사람이 행복하고 좀 더 편해질 수 있다면, 그것도 좋은 것 아니겠냐."
　맞는 말이기도 하지만 그것은 본인이 받아들일 수 있는 상태와 조건일 때 가능한 것이다. 공동체에서 보면 언제나 양보하고 희생하는 존재가 있다. 안타깝게도 그런 위치의 사람은 자그마한 빛도 없이 당연히 그래야 하는 사람으로 조금씩 인식되어 간다.
　또 어떤 이들은 이런 말을 한다.
　"먼저 말을 했어야지. 우리가 자기 사정까지 어떻게 다 알아?"

하지만 그들이 잊고 있는 것은 아닌지 모르겠다. 희생하는 처지에서 얼마나 많은 구원의 메시지와 도움을 요청했는지 말이다. 희생을 감수하는 것과 희생을 강요당하는 것은 다르다.

가만히 주위를 둘러보라. 혹시 언제나 희생하는 사람으로 인식되어 자신의 상황을 넘어서 혼자 잊혀 가고 있는 사람은 없는지 살펴보라.

자신의 것을 나누고 양보하며 더 큰 가치를 발견하는 사람들도 있다. 하지만 그들 또한 보통 사람들과 같이 약하고 약한 존재다. 이 말은 그들도 가끔은 기대고 위로를 받고, 가끔은 누군가에게 특별한 존재임을 느끼고 싶어 한다는 것이다. 양보와 희생은 누군가의 감사와 격려가 있을 때 유지될 수 있다.

"싫으면 하지 마. 그런 마음이면 애당초 시작을 말지."

이런 말들이 빛도 없이 버틴 이들에게 얼마나 큰 가시로 박히고 화살이 되어 박혔는지 생각해야 한다. 공동체가 유지될 수 있는 것은 잊히고 사라져가며 제 자리를 지켜낸 이들의 희생과 양보가 있었기에 가능한 것이다.

지금 그들을 위해 기도하자. 상황과 조건을 넘어선 희생 앞에서 자신을 지킬 수 있기를, 또한 그 희생과 양보를 받은 이들이 진정 감사와 격려를 보낼 수 있기를 말이다. 약하고 약한 이들이 모여 강한 힘을 낼 수 있다는 것은 우리 안에 적절한 관계의 건강함이 살아 있고, 그 관계 속에서 서로의 색이 아름답게 빛날 때 가능한 것이다.

하나님은 우리의 관계 속에서 이렇게 말씀하신다.

"서로의 자리와 서로의 역할을 존중하고, 서로를 사랑하며 격려하라."

한 건만 터지면

성도 한 분이 집회 장소에 찾아와 면담을 요청했다. 수양관 주간 집회와 외부 집회를 하루 종일 감당하고 있는 터라 몸은 녹초였지만 간절한 그분의 요청을 차마 뿌리치지 못해 다시 자리에 앉았다.

그는 명문대를 졸업하고 탄탄대로를 달리던 한때 잘 나가던 시절의 추억을 풀어놓으며 자신의 이야기에 흠뻑 취해 있었다. 그 이야기를 들으며 가만히 바라보던 내게 그는 결의에 찬 목소리로 이렇게 말했다.

"목사님, 제가 한 건만 터지면 목사님 사역에 큰 도움이 될 수 있을 것입니다. 목사님, 제가 한 건만 터지면 하나님의 일을 크게 할 수 있을 거예요."

어떻게 하면 하나님의 복이 자신에게 임할 것인가를 묻는 그에게 조금은 김새는 소리를 해야 했다.

"집사님, 그 한 건이란 것이 언제 찾아올지 저도 모릅니다. 그

한 건이 언제 터질지 안다면 제가 터뜨리고 싶네요. 한 건을 기다리지 마시고 눈앞에 있는 작은 백 건을 하십시오. 백 건을 성실히 해내고 그 가운데 하나님과 동행한다면, 집사님이 꿈꾸시는 것보다 더 큰 것이 주어지지 않을까요?"

그 집사님은 한숨을 내쉬었고, 이 말을 남기고 서둘러 그 자리를 떠났다.

"아니요, 목사님. 저는 작은 일들을 하고 싶지 않습니다. 제가 한때 어떤 일을 한 사람인데요. 목사님, 저는 그런 자잘한 것들 말고 크게 한 건 해야 합니다. 다음 달에 미국을 들어가는데 저를 도울 수 있는 사람과 물질을 만날 수 있도록 기도해 주세요."

아마도 자신의 요청과 다르게 내가 기도할 것을 알았기에 서둘러 자리를 피해버린 것 같았다. 계속 한 건만 바라던 그분의 황망한 목소리가 운전하는 내내 귓가에 맴돌았다.

상담과 기도를 요청하는 사람들은 "한 건만 터지면"이란 말을 자주 한다. 물론 그 한 건이란 대부분 물질에 관한 것이다. 믿음이나 영성의 성장을 위해 "한 건만 터지면, 은사만 터지면, 능력만 터지면, 내게 성령의 생수가 터지면"이란 말은 들어본 적이 없다. 우리 모두 자기 속에 숨겨둔 '한 건'의 갈망이 숨어 있는 것은 아닌지 생각해보아야 한다.

나도 사람인지라 건축비가 턱없이 모자란 상황이 오면 '로또라도 해볼까?' 하는 우스운 상상을 해 보기도 한다. 물론 무릎 꿇고 기도하는 것으로 결론은 났지만, 누구에게나 힘든 상황이 오면 현실적으로 대응하기보다는 뚜렷하지도 않은 희망에 기대를 걸기도 한다.

하지만 우리의 영성은 현실에 적용되고 영향력을 미칠 때만 생명력을 갖는다. 우리는 여전히 오늘을 살아간다. 그리고 그 오늘 속에 다가오는 불안과 실패마저도 온전히 겪어내고, 하나님의 이름과 능력으로 이겨내야 한다.

하나님은 그 실패와 상처를 통해 우리를 훈련하시고 성장시키신다. 눈앞에 펼쳐진 어둠을 잠시 잊기 위해 저 멀리 있는, 손에 잡히지 않는 '한 건'에 온 시간과 마음을 뺏기고 있지는 않은가? 그저 담담히 오늘을 바라보라. 그리고 그 오늘 속에 말씀하시는 내 주인의 음성과 위로하심을 통해 성장해 나가라.

그리 아니하실지라도

    운전을 하며 틀어놓은 기독교 방송에서 "그리 아니하실지라도"라는 찬양이 흘러나오고 있었다. 밖에는 급작스러운 폭우가 쏟아지고 정지선에 차를 멈추고 적막함 속에 찬양을 듣고 있는데 요즘 자주 내리는 비 탓인지, 아니면 내 기분 탓인지 찬양이 자꾸 눈물이 되어 흘러내렸다.

    '나도 이제 다 늙었구나.' 하는 실없는 웃음을 지으며 눈물을 얼른 닦아내고 집에 돌아왔다. 샤워를 하고 서재에 앉아 잠잠히 묵상을 시작했다. 그 와중에도 계속해서 내 입술은 "그리 아니하실지라도 감사해요."라고 흥얼거리고 있었다. '그리 아니하실지라도'라는 고백이 얼마나 큰 믿음을 요구하는 것인지 철저히 깨닫고는 그렇게 살기 위해 순종하며 무릎을 꿇고 있다.

    사람들은 누구에게나 꼭 지키고 싶은 것이 한두 개씩 있다. 자녀를 키우는 사람들은 자녀가 그 대상일 경우가 많고, 또 어떤 이들은 재산과 명예가 그렇다. 삶의 고비와 역경을 만나면 사람들은 자신이 무엇을 지키고 소중하게 생각하는지 알게 된다. 그리고 그것을 지키기 위해 마음을 다잡기도 한다.

그러나 삶이 어디 우리의 뜻과 바람대로만 이루어지는가? 때론 '이것만큼은' 했던 그 바람이 가장 먼저 무너지고, '이것만은' 했던 소망이 산산이 깨지기도 한다. 그럴 때 나타나는 우리의 반응은 무엇인가? 가장 자연스러운 반응은 바로 '원망'이다.

"하나님, 왜 나만 그래야 하지요? 하나님, 다른 사람들은 다 저렇게 잘 사는데 왜 나만 이런 고난을 겪어야 하나요? 하나님, 저를 보고 계시기나 하는 거예요?"라며 부질없는 원망들을 내뱉기도 하고 가슴에 품기도 한다. 정말 쓸데없는 원망인 것이다. 가만히 돌아보면 내 주인이 그 모든 것을 다 베풀어주시고 허락하신 것인데 말이다.

'그리 아니하실지라도' 나의 가장 소중한 것을 내어놓을 수 있는지에 대해 잠시 묵상해 본다. 하나님의 명령에 서슴없이 독자 이삭을 제단에 올려놓았던 아브라함의 마음을 생각한다. 그리 아니하실지라도 감사할 수 있고 순종할 수 있는 큰 믿음은 때로 너무나 멀어 보인다. 우리가 감히 시도조차 해 볼 수 없는 큰 산처럼 보이기도 한다. 하지만 우리는 알고 있다. 삶의 순간마다 삶의 페이지마다 조금 더 쉽고, 조금 더 편한 세상의 길과 선택으로 우리의 마음과 머리가 돌아가고 있음을 말이다.

그리스도인은 단호한 믿음, 순결한 순종 그리고 흔들리지 않는 사명이 삶 속에 녹아들어 자연스러운 행함이 되어야 고난과 시련 앞에서도 담담히 우리에게 정해진 광야를 은혜로 걸어갈 수 있다.

살아야 합니다

87세의 점잖은 신사분이 상담을 요청하셨다. 연세가 있으시지만 그냥 노인이라고 하기에는 기품이 넘치는 분이었다. 상담을 하기보다 오히려 내가 인생의 무언가를 배워야 하는 것은 아닐까 하는 생각을 할 정도였다.

무슨 말을 먼저 꺼내야 할지 몰라 침묵이 잠시 흐르고 그 어르신이 먼저 대화를 시작하셨다.

그분은 어린 시절 기도하는 어머니 밑에서 자랐지만, 하나님을 자신의 삶 속에 인정한 것은 삼십 대였다고 했다. 아내를 만나 1남 1녀를 낳아 키우며 사회적인 성공도 이루고, 어느 것 하나 부러울 것 없는 인생을 살았단다. 나름대로 헌금도 많이 하고, 주의 종을 섬기는 데도 정성을 다했다고 했다.

가만히 이야기를 듣고 있는데, 그분은 갑자기 만만치 않은 두께의 파일 네 권을 내 앞에 꺼내놓으며 불쑥 말을 던졌다.

"제가 지금 삶을 스스로 끊는다면 죄가 되겠습니까?"

그러고는 파일 안에서 녹취록, 공증 서류, 재판에 관한 여러 가지 서류들을 꺼내 펼쳐놓았다.

"이것이 무엇입니까?"

"저와 제 자식의 재판 서류입니다."

그분은 장성한 아이들이 가정을 꾸리고, 4년 전 아내가 소천하는 그날까지도 참 다복하게 살았단다. 그런데 혼자가 된 자신을 모시겠다는 아들 내외와 살림을 합친 후, 많은 일들이 거짓말처럼 일어났다고 말하며 한숨을 지었다.

아직 자신은 나이가 들어도 총기는 잃지 않았다고 자부하는데, 아들 내외가 자신을 속이기도 하고 가끔은 협박하면서 자신의 땅과 집, 그리고 가치 있는 것들을 하나둘씩 챙겨갔다고 한다. 그저 그분은 그런 것이 부모려니 하고 참았지만, 어느 날부터 자신을 대하는 아들의 태도가 달라졌고 자신도 집에 있는 것이 힘들어 밖에 나가 있기 일쑤였다. 그런 날이 계속되자 다시 분가를 하려고 일정 부분을 자신에게 돌려줄 것을 이야기했더니 아들이 소송을 하겠다고 했다는 것이다.

한쪽 말만 듣고 전체를 판단할 수는 없지만, 이 정도의 이야기로도 부모로서 그 절망감이 고스란히 느껴졌다. 그분은 현재 딸이 마련해 준 삼천만 원으로 원룸에 살고 있다는 것이다. 이 상황에서 해 드릴 것은 기도밖에 없었다. 그 손을 잡으니 그분은 갑자기 무릎을 꿇으시며 죽게 해 달라고, 내일 눈 뜨지 않고 오늘 밤 하나님께 갈 수 있게 해 달라며 흐느끼셨다. 작은 어깨가 한없이 흔들렸다.

차마 어찌할 수 없어 하나님의 뜻을 구했다. 그리고 하나님의 사랑으로 아픔과 상처가 덮이기를, 가족이라는 이름이 회복되기를 기도했다.

그 큰 서류 뭉치들을 다시 챙기며 빨간 눈으로 나를 보고 웃는 어르신을 보고 가슴이 너무 아팠다. 갖고 있는 현금을 챙겨 어르신 주머니에 넣어드렸다. 한사코 거절하시던 어르신이 "기도하겠습니다. 목사님!" 하며 돌아가셨다.

"살아야 합니까?"라는 그분의 절박한 질문이 며칠 동안 내 마음과 곳곳을 흔들었다. 우리는 살아가면서 이런 때를 만난다. 한없이 높은 고개를 넘고 또 넘어도 끝없이 고개만 보일 때, 누구나 이런 질문을 하게 될 것이다.

"살아야 합니까?"

이 말에 대한 답은 항상 같다.

"예, 살아야 합니다. 하나님이 허락하신 생명이 다할 때까지 살아내십시오."

맛있는 밥

 요리를 잘하는 사람도 어렵다는 게 바로 맛있는 밥을 짓는 것이라고 한다. 가장 쉬울 것 같은 밥 짓기가 가장 어렵다는 것을 보면 어떤 것이든 기본 과정이 가장 중요한 것 같다. 밥을 짓는 과정은 재미있게도 광야 가운데 훈련받는 우리의 처지와 비슷한 것 같다.
 주인의 손에 들려 깨끗하게 세척의 과정을 거치고, 뜨거운 불 위에 놓여 처음의 모습과 맛이 변하는 순간까지 더할 수 없는 아픔을 이겨내야 한다. 이제 다 끝났다 싶은데 휘휘 주걱으로 저어 놓고는 다시 뚜껑을 덮는다.
 쌀의 관점에서는 이제 좀 이 뜨거운 밥통에서 꺼내줬으면 싶은데, 그 사정을 아는지 모르는지 야속하게도 한참을 다시 그 뜨거운 밥통 속에 그대로 둔다. 우리는 이것을 '뜸을 들인다.'라고 표현한다.
 재미있지 않은가? 우리도 연단과 훈련을 거치고 나면, 어서 나를 이 과정의 뜨거움에서 건져내 주기를 원한다. 하지만 하나님은 침묵하시며 가만히 때를 기다리신다. 밥을 지을 때, 이 뜸이라는 과정이 없다면 속속들이 맛있게 익을 수 없다고 한다. 익은 후에도 맛을 들이는 시간이 필요하다는 것이다.

다시 우리 사정에 비추어 보면 우리는 분명 하나님의 계획하심에 따라 복을 받기도 하고 연단을 받기도 한다. 그렇다면 우리는 어떻게 해야 할까? 한 과정이 끝나면 우리는 잠시 멈추고 살펴봐야 한다. 복을 받음으로 인간적인 교만이 생기지는 않았는지, 그 복에 대한 나의 올바른 고백은 무엇인지 묵상하고 행해야 한다.

어려움과 시련을 잘 이겨냈다면 잠시 멈추고 이 고난을 통해 하나님이 내게 말씀하시는 것이 무엇인지, 오늘의 삶에 어떻게 적용해야 하는지 묵상하고 내 믿음에 흔적을 남겨야 한다.

하지만 많은 사람이 안타깝게도 복을 받은 후에, 응답을 받은 후에, 고난과 시련이 끝나갈 때에 마음이 기쁨에 들떠 이 뜸 들이는 과정을 놓치는 것을 보게 된다.

우리는 그리스도인이다. 그리스도인은 세상에 파동을 일으키는 자들이어야 한다. 우리의 삶이 그저 우리만의 삶으로 끝나는 것이 아니라 우리가 걷는 발걸음과 하루하루의 날들을 통해 하나님이 보이고, 그 파동이 하나님께 영광이 되고 사람들에게는 증거 되어야 하는 것이다.

뜸을 들이지 않은 맛없는 밥이 되어 주인 상에 오르기를 원하는가? 아니면 뜸이라는 과정을 통해 주인에게 흡족함을 드리는 밥이 되기를 원하는가?

고백

한 성도가 상담을 요청했다. 여러 번 이런저런 사정으로 미루어진 상담이었다. 미루어진 만큼 어떤 사연을 나누게 될까 기대함도 있었다.

차분하게 한참 이야기 나눈 것을 요약하면 이렇다. 사업 실패를 몇 차례 겪고 나니 하나님의 사랑이나 은혜가 다 다른 사람들의 것으로만 들렸다는 것이다. 자신을 과연 하나님이 사랑하시는지 회의가 들고, 은혜를 잃어버려 그 어떤 것도 감사할 수 없어서 신앙생활이 힘들다는 것이었다.

될 듯, 풀릴 듯, 이루어질 듯하던 사업이 매번 성공의 문턱에서 주저앉고, 그 와중에 가족들이 약속이나 한 듯 생채기를 한두 개씩 내고 등을 돌리니, 같은 아버지의 처지에서 그럴 만도 하겠다 하는 생각이 들었다. 너무나 간절한 눈빛으로 도움을 청하는 그분에게 해답처럼 이런 말을 건넸다.

"진실로 믿는 것과 믿는다고 생각하는 것과 믿는 것을 흉내 내는 것은 다른 것입니다. 안타깝게도 많은 사람이 자신이 믿는다 생각하고, 또 어떤 분들은 그 믿음을 흉내 내기도 합니다. 진실로 내 안에 믿음이 없다면, 그 믿음을 흉내도 내지 말고, 믿지 못함을 불안해하여 억지로 믿는다고 생각도 말며, 내 안의 믿음 없음을 하나님 아버지께 고백해야 합니다. 믿음 없음을 고백하는 것이 무슨 큰 죄인 것처럼 느낄지 모르겠으나, 하나님은 우리가 믿지 못함을 고백하고 우리의 빈 그릇 그대로 하나님 앞에 내놓는 것을 원하십니다. 이야기를 들으니 도와주시지 않는 하나님에 대한 원망이 크게 느껴지고 또 그 안에는 믿지 못하는 본인에 대한 불안도 느껴지는군요."

다행히 내 말의 의미를 금세 이해하는 것 같았다. 이후 얼마 동안 믿음에 관한 것에 대해 더 나누고 조금은 마음의 짐을 벗고 돌아서는 그분의 뒷모습을 보며 축복을 전했다.

"큰 믿음이 작은 의문과 솔직한 고백에서 시작되길 바랍니다!"

하나님은 우리의 모든 것을 다 아시는 분이다. 우리가 어떤 의심을 가졌는지, 어떤 어두운 마음을 품었는지, 과거 어떤 죄를 지었는지도 너무 잘 알고 계신다. 하지만 우리는 가끔 우리가 하나님을 속일 수 있다는 미련한 생각을 품는다. 세 살배기 아이가 입 주변에 초콜릿을 가득 묻히고는 자신은 결코 엄마의 초콜릿을 몰래 먹지 않았다고 당당하게 큰 소리를 치는 것과 같다.

믿지 못한다면 믿을 수 있는 기회와 때를 만나게 해 달라고 고백하며 기도하라. 너무나 간단한 말이지만, 하나님은 우리의 모든 것을 다 아시는 분이다. 중심에서부터 믿지 못하는 불안을 겉모습의 믿음으로 치장하고, 안과 겉이 크게 달라 더욱 공허해지는 신앙생활을 하지 않기 위해서는 내 모습 그대로를 하나님께 보이고 겸허히 무릎을 꿇고 하나님 앞에 나아가는 것이 옳은 방법이다. 많은 사람이 믿지 못하는 자신을 책망하고 그 불안을 숨기기 위해 여러 가지 말도 안 되는 이론과 이단에 빠지는 경우도 있다.

믿지 못함을 고백하는 것이 창피한 일인가? 그것으로 인해 하나님이 우리를 책망하시는가? 아니다. 내가 믿고 따르는 사랑의 하나님은 우리의 고백을 들으시고 우리를 품에 안으시는 분이다. 그리고 나서 잔잔하게 우리를 향해 여러 방법으로 우리의 허구를 잡으시고, 중심의 공허함을 진실로 채워주신다.

흉내 내는 믿음은 힘이 없다. 흉내 내는 믿음은 나 자신을 자꾸 배고프고 힘들게 한다. 배고플 때 배부른 척하지 않는 것이 배부를 수 있는 첫 단계다. 배고프면 많은 이야기를 할 것 없이 이렇게 말하면 된다.

"하나님, 저 배고파요!"

고난이 유익

 한 주간 동안 지방 집회를 인도하기 위해 집을 나서는데 전화가 왔다. 이단 단체들이 집회를 방해하기 위해 움직이는 것 같다며 안전 요원들을 배치해 두겠으니 걱정하지 말라는 전화였다.
 부목사와 전도사를 대동했기에 안전에 대한 염려는 없었지만, 가는 내내 이 시대와 기독교의 오늘에 대해 무거운 마음을 지울 수 없었다.
 많은 것이 변해가고 있다. 또한 세련되고 합리적이라는 이유로 많은 것이 줄고 가벼워지고 있다. 생활과 사고방식을 바꾸는 것을 현대화라고 할지 모르지만, 절대 바뀌거나 가벼워지면 안 되는 것이 있다. 바로 진리이다.
 우리는 진리 안에서 온전히 설 수 있는 자다. 진리는 타협하지 않는다. 진리는 가벼이 흔들리지도 않는다. 그래서 진리인 것이다. 시대가 변해도 진리는 변하지 않는다. 시대의 흐름이 화려해졌다 해도 진리가 변하는 것은 아니다.

내가 소신을 가지고 진리를 지키는 것이 아니다. 내가 주장하는 것이 진리이기에 지키는 것이다. 집회를 통해 성령의 회복과 진리를 위한 우리의 다짐을 외쳤다. 그리고 이 작은 울림이 작은 파동이라도 일으키기를 소망하며 계속 기도했다.

진리를 지키기 위해 겪는 고난의 유익을 나는 믿는다. 나의 안위와 삶을 위한 고난이 아닌 진리를 지키기 위해 겪는 어려움이라면 겸허히 달게 받겠다고 기도했다.

우리는 한 가지 방향을 향해 달리는 사람이다. 마라톤 선수들이 오직 정해진 길 하나만을 바라보며 뛰는 것처럼 우리에게는 오직 한길 밖에 없다. 따라서 그 길을 가는 중에 많은 유혹과 견제가 있더라도 쉬거나 멈출 수 없는 것이다.

시대가 혼란스럽게 변하고 있다. 옳고 그름이 섞이고, 어떤 것이 우선이고 나중인지 알지 못하게 혼탁해지고 있다. 그러나 우리는 한길만을 바라보고 걸어가야 하는 그리스도인이다. 빛 되시는 예수님처럼 우리는 이 세상에 빛이 되는 존재로 나아가야 한다. 진리를 지키기 위해 고난을 받아야 한다면, 그것은 우리에게 유익임을 결코 잊지 말아야 한다.

내일을 준비하는 마음

일을 마치고 수양관에 들어서자 알 수 없는 즐거운 흥이 느껴진다. 언제나 그렇듯 반가운 얼굴들이 한곳에 모여 김치를 담그고 있었다. 모두 조금씩 피곤에 지친 얼굴이지만 한결같이 무언가 내일을 준비하고 있다는 마음만은 뿌듯하고 넉넉해 보인다.

내일을 준비하는 이들에게는 준비한 자만이 누릴 수 있는 특권과 보람이 있다. 그리고 나중을 위해 준비하는 이들은 보는 이 또한 넉넉한 마음을 품게 한다.

그런데 다른 의미로 내일을 위해 오늘이 아픈 이들도 있다. 다가올 추위를 대비해 김장을 준비하는 수고를 감당할 수 있는 것처럼 내일의 기쁨과 성장을 준비하기 위해 오늘의 아픔과 상처를 맞이하기도 하는 것이다.

배가 고파 본 자만이 배부름의 감사를 안다. 추운 자만이 따스함의 기쁨을 누릴 수 있고, 아파 본 사람만이 건강함의 감사를 아는 것이다.

어떤 이들은 이렇게 말한다.

"아픔의 원인을 모르겠어요. 이 상처의 의미를 잘 모르겠습니다. 언제까지 이렇게 힘들어야 할까요?"

하지만 아픔과 상처와 좌절을 만날 때마다 그 즉시 그 의미를 알고, 그를 통한 성장을 정확히 깨닫는 경우는 드물다.

지금 마음속에 한 분이 떠오른다. 이 세상 그 무엇보다 소중했던 자녀를 하늘로 먼저 보낸 분이다. 그 아이의 떠남은 내게도 가슴 얼얼하게 아픔으로 남아 있다. 그래서 상실감이 또렷이 새겨진 그분의 표정이 아직도 생생히 떠오른다. 그분에게 여태껏 말을 제대로 전하지 못했다. 그 아이의 상실이 그분 인생에 어떤 의미인지, 어떤 것을 내려놓고 어떤 것을 구해야 하는지 아무런 결론도 드리지 못하고 몇 해를 시린 마음으로 보내고 있었다.

"왜?"란 질문 앞에 막막해질 때가 있다. 그럴 때에는 스스로에게 이런 위안을 보낸다.

"내일을 위한, 더 큰 성장과 은혜를 위한 준비일 뿐이다. '왜?'라는 것의 답을 구하지 말고, 그저 묵묵히 성실하게 이 상처를 품고 나아가자."

다가올 기쁨과 은혜의 때를 준비하는 마음과 자세로 오늘의 아픔과 직면한 과제를 바라보자. 그러면 이유도 알 수 없는 상처가 조금은 통증이 덜해가고 조금씩 아물어가는 마음으로 내일을 바라볼 수 있는 힘이 생긴다.

걱정 보따리

우리 각자에게는 하나의 보따리가 있는데 그 보따리의 색만 다를 뿐이다. 이 보따리는 고민과 걱정의 보따리다.

겉으로는 아무 걱정과 고민이 없어 보이는 사람도 실상 문젯거리를 안고 있다. 돈이 많으면 많은 대로, 없으면 없는 대로, 또 일이 잘 풀리면 풀리는 대로, 막히면 막히는 대로 걱정거리가 있다.

우리는 걱정이라는 보따리를 이 세상 떠나는 그 순간까지 지니고 있어야 한다. 그렇다면 우리는 걱정이 있고 없고가 아닌 그 걱정을 어떻게 관리하고 다독일 것인가에 대해 고민해 보아야 할 것이다. 어차피 들어야 할 보따리라면 지탱하기 힘든 무게가 아닌 솜털마냥 가벼운 무게로 만들자는 것이다.

자, 그러면 지금 이 순간 우리 마음속을 스치는 걱정거리 하나를 잡기 바란다. 그런 다음 그 걱정이 왜 나를 힘들게 하고 무겁게 하는지 가만히 생각해보기 바란다. 자녀의 걱정스런 행동이 왜 나를 힘들게 하는지, 물질의 부족이 왜 나를 불안하게 하고 위축되게 하는지, 부부의 다툼이 왜 자꾸 과거의 상처까지 물고 나오는지 가만히 생각해보기 바란다.

실체를 알지 못하는 어둠은 공포 그 이상이다. 하지만 실체를 알고 있는 대상은 공포가 아닌 약간의 두려움이 될 것이다. 걱정거리를 마냥 끌어안고 있지 말기를 바란다. 보따리를 풀고 무엇이 들었는지 정확하게 파악하고, 그 보따리에서 덜 수 있는 짐은 무엇인지, 또 과감히 버려서 무게를 줄일 수 있는 여지는 남았는지에 대해 자세히 살피고 관찰해야 한다.

걱정은 걱정을 부른다. 그리고 그 걱정들은 불안과 두려움을 부른다. 그로 인해 그 걱정의 부피보다 더 큰 제한을 갖고 살게 되기도 한다. 그러나 건강한 걱정은 문제를 발전적인 단계로 이끌어 간다. 문제나 고난을 만나면 두려워하지 말고 가만히 살펴보기 바란다. 현실의 문제가 아닌 과거의 치유 받지 못한 상처로 인해 더 크게 보이는 것은 아닌지, 자존감의 결여로 인해 작은 문제 하나에 위축된 것은 아닌지 말이다.

나에게도 수많은 보따리가 있다. 내 것도 있고, 위탁받은 것도 있다. 그러나 그 보따리들이 무겁지는 않다. 이 모든 보따리의 주인이 내가 아님을 알기 때문이다.

하나님은 문제를 통해 우리를 훈련하시고 성장시키신다. 하지만 그 문제로 인해 우리가 다치기를 원하시지는 않는다. 문제의 보따리가 나를 덮고 꽁꽁 묶어버릴 때 가만히 이렇게 외치라!

"하나님, 문 좀 열어 주세요."

어려운 문제 앞에서 가장 간단한 것이 해답일 수 있다.

오직 기도뿐

성도에게 가장 전하기 힘든 단어 중 하나는 바로 '고난'이다.

가슴 깊이 사랑하던 성도가 얼마 전 듣기에도 가슴이 내려앉는 큰 병에 걸렸다고 전해왔다. 평소 그분의 심성처럼 워낙 담담하게 전하는 그분의 음성이 그리 낯설지 않았지만, 혹여 놀라실까 싶어 내 염려는 다 전하지도 못했다.

아내와 저녁 내내 그분에 관해 이런저런 염려를 쏟아냈다. 눈물이 많은 아내인지라 두 눈이 퉁퉁 붓도록 울며 걱정하였고, 잠자리에 드는 그 순간까지도 내 마음이 무척 무거웠다.

새벽에 일어나 앉아 시편을 묵상했다.

> 고난 당한 것이 내게 유익이라 이로 말미암아 내가 주의 율례들을 배우게 되었나이다(시 119:71)

응답이었다. 하지만 가슴이 아팠다. 그 고난으로 인해 얼마나 아프고 무서울까 미루어 짐작할 수 있었기 때문이다. 내가 할 수 있는 것은 단 한 가지, 기도뿐이었다. 그분과 그분의 가정을 위해 중보하는 것이다. 등에 땀이 흐르고 목이 쉴 때까지 기도했다.

목회자로 살아가며 나와 내 가정이 겪는 고통과 슬픔보다 성도의 고통과 슬픔이 더 견디기 힘들 때가 있다. 때로 나의 보살핌이 부족했던 것은 아닐까 하는 미안함이 마음 한편에 겹겹이 쌓이기도 한다.

주일날 그분의 얼굴은 이상하리만큼 평안함이 깃들어 있었다. 그분이 평소 알고 있는 깊이보다 더 깊은 믿음으로 이 상황을 받아들이셨다는 것을 느꼈다. 그분을 안수하며 간절히 외쳤다.

"하나님! 승리의 증거가 되게 하십시오. 이분의 여생이 당신의 승리와 찬양이 되어 더욱 많은 사람의 위로가 되게 해 주십시오."

오히려 우리 부부를 위로하며 돌아서는 그 발걸음에 왈칵 눈물이 쏟아졌다. 작은 영웅, 작은 거인인 그분이 당당히 고난의 광야로 나아감을 바라보며, 달려가 그 손을 잡고 함께 걷고 싶었다. 무거웠던 마음이 진한 동료애로 변함을 느낄 수 있었다.

담담하게 그 광야를 시작한 그분의 믿음에 큰 박수를 보낸다. 고난 가운데 하나님의 큰 사랑이 더욱 더 그분을 에워싸고, 굳건한 믿음의 기둥이 더욱 더 그분을 지킬 것이다.

주위의 그 어떤 시선에도 굴복하지 않고 앞을 바라보며 나아가는 그분의 그 눈길을 오직 주 하나님만이 인도하심을 믿기에 웃으며 그 고난을 축복할 수 있었다.

　나는 굳게 믿는다. 하나님이 주시는 그 고난의 끝에서 하나님의 인도하심과 계획하심이 우리의 삶을 더 큰 충만과 평안으로 채워주실 것을 말이다.

시원한 행복의
은혜

03

나의 소유만이 우선인 농부가 어찌 하나님의 것을 바라고, 소망이 다 이뤄지지 않았다고 쉬이 원망을 할 수 있는지 참으로 안타깝다. 모든 것이 무르익어 풍성한 추수의 계절에 자신의 영적 과수원에서는 무엇을 추수할 수 있는지 가만히 각자의 과수원을 거닐어 보기 바란다.

작심삼일

새로운 시작에는 늘 새로운 다짐과 각오가 있다. 그러나 얼마 지나지 않아 여기저기서 '작심삼일'이라는 말을 자주 듣는다. 잘 알다시피, 결심한 마음이 사흘을 가지 못하고 곧 느슨하게 풀어짐을 뜻하는 사자성어다.

누구나 한 번쯤은 씁쓸하게 떠올리는 지난 다짐들이 있을 것이다. 우리는 과거와 현재의 무거움을 잊고자 마음속에 자꾸 새로운 것, 내일의 것을 품고 키우기를 원한다. 그러고서 소망이 현실로 이루어지지 않으면 무척 후회하고 실망하며 포기하기에 이른다.

하지만 우리는 이미 작심삼일의 원인을 알고 있다. 바로 우리의 욕심이다. 실현 가능하고 나의 깜냥에 맞는 꿈이 아닌 이루어질 수 없는 허황되고 약간의 기적을 끼워 넣은 소망들이 작심삼일을 자초하는 것이다.

꿈을 크게 갖지 말자는 말이 절대 아니다. 다만 내가 열심히 노력하면 이루어질 수 있는 소망과 나의 성실함으로 뒷받침할 수 있는 희망을 품고 노력해야 작심삼일의 덫을 피할 수 있음을 말하는 것이다.

노력과 성실이 99퍼센트이고, 1퍼센트 정도만 기적에 기대는 마음으로 계획을 해야 한다. 하지만 많은 사람이 그 반대로 계획을 세우고 꿈을 꾼다. 작은 꿈을 이루고, 작은 소망을 성실히 지켜 나가며 성취감을 느낀 사람이 큰 꿈을 이루고, 인생의 큰 방향으로 나아갈 수 있다.

성취감은 중요하다. 나의 성실이 열매가 되어 내 손에 쥐어지는 기쁨을 누려 본 사람은 시간과 노력을 헛되이 사용하지 않기 때문이다.

혹 지금 새롭게 작정한 계획들이 있는가? 그렇다면 하나하나 점검하고 자신이 알고 있는 답과 비교하여 계획을 조정하기 바란다. 나의 욕심을 덜어낸 곳에 하나님의 계획을 집어넣으라. 그리고 행함의 믿음을 대입하여 그것을 이룰 수 있는지 확인하라.

그렇게 세워진 알찬 계획들이 능히 열매 맺어 하나님의 영광을 드러낼 수 있기를 기대한다. 또한 그로 인해 우리의 삶이 평안하고 충만하기를 바란다.

첫 마음

우리는 시간의 흐름을 민감하게 인식하지 못하고 지낼 때가 많다. 그것은 눈에 보이지 않기 때문에 우리의 많은 것이 변하지만 쉽게 인식하지 못하는 것이다. 그 중 하나가 자신의 변화이다.

어쩌면 다른 이의 변화는 수월하게 찾을 수 있다. 하지만 자신의 변화는 일부러 찾지 않으면 잘 알지 못하고 인식하기 힘들다. 그것은 아마도 세월의 흐름 속에서 변화가 자연스럽게 익숙해진 때문일 것이다. 그런 자연스런 변화들이 나이 들어감의 성숙과 깊어짐의 호흡이라면 반가운 일이겠지만, 게으름의 타협과 흐트러짐의 너그러움이라면 다시 한 번 생각해야 할 일이다.

우리는 꼭 보아야 할 것들을 보지 못하고 살아간다. 그런데 보지 않아도 될 것들을 보려 하고 알고 싶어 하는 까닭에 많은 갈등 속에 얽히기도 한다. 꼭 보아야 하는 것들, 즉 나의 변화되는 마음과 태도를 진지하게 마주해 보라.

나의 변화를 알기 위해서는 출발점을 기억해야 한다. 그 처음을 기억하는 일이 변화를 알아가는 첫 발걸음인 것이다.

  삶을 대하는 나의 태도가 변했는가? 사람을 대하는 나의 마음이 변했는가? 물질에 대한 나의 가치가 변했는가? 하나님을 만나는 나의 시각이 변했는가? 사람이 어찌 세월의 흐름 속에 변하지 않고 오롯이 서 있을 수 있겠는가? 우리는 변하는 존재다. 온전치 못한 존재다. 그렇기에 매 순간, 매일을 기억하고 돌아봐야 하는 것이다.

  좀 더 쉬고, 좀 더 눕고자 하는 것이 우리 자신임을 잊지 말아야 한다. 첫 출발점을 기억하라. 부부라면 첫 설렘을 기억하라. 부모라면 아이와 첫 만남의 순간에 느낀 그 감동을 기억하라. 하나님과의 첫 만남과 그 감사함을 기억하라. 그래서 우리 눈에 보이지 않는 시간의 흐름 속에 멀어지는 우리의 중심을 놓치지 않기를 바란다. 이 모든 것들이 우리가 매일 보아야 할 변화인 것이다.

  기억하라. 떠올려 보라. 우리의 첫 마음과 그 감격을.

  첫 출발점을 다시 기억하고 돌아보라! 우리가 인식하지 못하고 지나쳐 왔던 하나님의 사랑을 감사로 고백할 수 있고 좋은 열매를 맺어갈 수 있을 것이다.

행 복

"당신은 지금 행복한가?"

당신의 대답은 무엇인가? 어떤 이들은 질문 자체를 불편해 할 수도 있고, 또 어떤 이들은 망설임 없이 행복하다고 대답할 것이다. 스스로에게 한번 질문해 보라.

"나는 지금 행복한가?"

"내가 생각하고 있는 행복은 무엇인가?"

한참을 생각하고 묵상했다. 처음에는 욕심이 나서 갖고 싶은 것을 써 내려갔다. 그랬더니 행복이 욕심의 나열처럼 느껴졌다. 우리는 여전히 행복을 막연하게 동경하고 상상만 했지 행복에 대한 명확한 기준과 사고를 하는 이들은 그리 많은 것 같지 않다. 그러나 우리는 행복을 막연하게 생각하지 말고 구체화하고 현실적으로 생각하는 것이 중요하다. 왜냐하면 자신이 꿈꾸는 행복이 스스로 정한 기준에 부합되어도 계속 막연한 기준을 좇으면 부족함을 느끼고 공허해질 수 있기 때문이다. 또한 행복이 아직 멀리 있다고 여기며 살 수 있기 때문이다.

반대로 행복의 기준이 명확한 사람들은 작은 것 하나에도 감사하고 한 발짝 더 나아가는 것에 집중한다. 정해진 목표가 있는 사람과 없는 사람의 마음가짐이 다른 것처럼, 행복의 기준이 명확한 사람과 그렇지 않은 사람의 하루살이도 확연히 다르다.

우리는 행복의 기준선을 명확하게 그어야 한다. 그런데 단 한 가지 전제 조건이 있다. 내 자아와 욕심이 아닌 하나님의 소망과 그 영역 안에 머물러야 한다는 것이다. 이 또한 너무나 간단하고 당연하지만, 우리의 행복이 그 영역을 벗어날 때가 얼마나 많은지 모른다.

작은 메모지에 내가 생각하는 행복을 적어보았다.

"나 스스로도 부끄럽지 않을 남편과 아버지와 목회자로 나아가는 것."

그렇다. 나의 행복은 그저 성실한 하루하루에 달려 있다.

관심

....

저녁 운동 시간이면 일부러 길을 돌아 손자 녀석이 다니는 학교를 한 바퀴 돌아보면서 바닥에 떨어진 날카로운 유리 조각이나 쓰레기들을 치우곤 한다. 예전에도 늘 운동할 때 돌아보던 곳이지만 그때에는 눈에 띄지 않던 쓰레기며 위험 요소들이 왜 이리 잘 보이는지 그저 신기할 따름이다. 쓰레기를 한아름 안고 들어서는 나를 보며 아내는 매번 두 눈을 동그랗게 뜨고, 이런 걸 어디서 주워오냐며 잔소리를 늘어놓는다.

"애 학교에서 주워오는 거야."

이 말에 아내는 더는 군소리 없이 치워준다.

얼마 전에는 학교 화단에 울타리 하나가 삐쭉 튀어나와 있어 고정을 하려고 해도 마땅치 않았다. 여러 날 고심하여 적당한 돌을 하나 주워 놓고 벼르다 어제 저녁에 고정하여 두었더니 마음이 가벼워졌다.

똑같은 길을 걸어도 예전에는 눈에 보이지 않았던 것들이 보이고 마음이 쓰이는 걸 보면, 관심이란 것이 얼마나 중요한지 알 것 같다.

우리의 신앙과 교회생활도 마찬가지다. 나의 관심이 가는 곳에 마음이 가고, 나의 눈길이 머무는 곳에 마음이 머물게 된다. 하지만 이 시대를 살아가는 사람들의 관심은 세상을 향해 있다. 세상에서의 성공과 성취에만 관심을 두고 있는 것이다. 그리고 그 주된 관심사에 하나님, 교회, 그리고 신앙을 끼워 맞추려고 한다.

우리의 주된 관심이 예수님이 되면 다른 모든 것들의 위치와 비중은 달라진다. '이 돈이 없으면 죽을 것 같고, 당장 이 문제가 해결 안 되면 못 버틸 것 같아.'라고 하던 것들이 예수님이 나의 주된 관심사가 되면 어느새 가볍고 아무것도 아닌 문제로 다가오게 된다.

예수님을 맹신하듯 추종하라는 것이 아니다. 믿음의 본질, 행함의 본질에 관해 생각하자는 것이다. 지금 당신의 주된 관심이 무엇인가? 관심의 방향을 바꾸어야 해결점이 보인다. 돈의 문제를 돈으로 풀고, 관계의 문제를 말로 풀고, 감정의 상함을 화내는 것으로 푼다면 아무런 해결점을 찾을 수 없다. 모든 문제를 논하기 전에 가만히 앉아 내 속의 나에게 이 질문을 던져보면 좋겠다.

"지금 나의 관심은 무엇인가?"

사랑 전문점

만두만 전문으로 하는 집을 우리는 만두 전문점이라 한다. 김밥도, 설렁탕도, 중국요리도 그렇다. 각 음식점에는 그 집을 대표하는 요리가 있기 마련이다. 그런데 만두집 주인이 간판은 만두 전문점이라 붙여놓고 김밥 연구에 매진하면 어떻게 되겠는가? 김밥집 주인이 김밥이 아닌 볶음밥에 열정을 다하면 어떤 결과가 나타나겠는가? 냉면 전문점은 김치찌개가 아닌 냉면이 맛있어야 하고 만두 전문점은 김밥이 아닌 만두가 맛있어야 한다. 이것은 지극히 당연한 이치이고 우리의 상식이다.

그럼 우리의 경우는 어떤가? 우리는 어떤 사람인가? 어떤 간판을 달고 지금 살고 있는가?

'그리스도인!'

우리는 그리스도인이라는 간판을 달고 살아가는 사람이다. 그리스도를 따르고 그 진리를 믿는 자들을 그리스도인이라고 한다.

그렇다면 우리는 어떤 전문이 되어야 하는가? 그리스도는 사랑이다. 따라서 우리는 사랑 전문가가 되어야 한다. 갖은 재료를 가지고 오직 하나 사랑을 만들어 내야 하는 것이다. 시기와 질투, 미움 등을 가져다가 기도와 믿음과 순종으로 사랑을 만들어 세상에 내놓아야 한다. 그러나 안타깝게도 우리는 사랑보다는 욕심 전문점, 질투 전문점, 교만 전문점, 미움 전문점, 불안 전문점이 되어 가는 것 같다.

오늘날 그리스도인들은 참으로 많은 가치와 질서와 논리를 가지고 믿음을 대한다. 많은 교육서와 양육반들이 생겨나고, 그만큼 배움의 지식이 높아간다. 행함에 대한 현실적인 욕구가 더 강하게 되어 정체성의 요구들이 짙기 때문일 것이다.

그런데 우리가 자꾸 잊는 것이 있다. 많은 배움과 양육 과정을 통해서 좀 더 세련되고, 좀 더 지적인 단어를 구사하게 되었을지는 몰라도 가장 중요한 그리스도의 사랑을 놓치는 것은 아닌가? 허름한 가게에 낡은 간판이라 할지라도 주인의 진솔한 맛에 대한 자부가 가득한 김밥 한 줄은 몇 만 원짜리 한정식이 부럽지 않은 맛을 지니고 있다.

우리는 사랑 전문점이 되어야 한다. 하나님이 열방을 위해 세우신 사랑 체인점이다. 어떤 이는 나눔으로 사랑을 알리고, 또 어떤 이들은 희생과 내려놓음으로 불화를 가만히 덮으며 사랑의 열매를 맺게 한다. 그리고 또 어떤 이들은 따스한 위로의 손길로 상처 입은 자들을 따스하게 덮는 사랑을 만든다. 우리에게 주어진

재료 가운데, 우리에게 허락된 능력으로 할 수 있는 만큼, 노력할 수 있는 만큼 고민하고 행해야 한다. 그리고 그리스도의 사랑 전문점이 우리 삶 가운데 아름답게 열매 맺고, 다른 이의 삶을 변화시키는 잔잔하지만 강한 능력의 발걸음이 될 수 있도록 기도하고 소망해야 한다.

둥지 본능

옛말에 "걱정도 팔자."라는 말이 있다. 이는 하지 않아도 될 일을 미리부터 걱정하고 염려하는 것을 말한다.

둘째 딸의 출산이 다가오면서 딸아이의 전전긍긍하는 소리가 하루를 다 채운다. 이건 이렇게 해야 하나, 저건 저렇게 해야 하나 제 어미랑 둘이 앉아 무슨 걱정을 그리 많이 하는지 가만히 듣고 있노라면 아직 태어나지도 않은 아이가 벌써 대학까지 졸업한 듯한 기분이다.

무슨 걱정이 그리 많냐고 물었더니 모유수유며, 어떤 기저귀를 쓸 것인지, 조리원을 갈 것인지 등, 너무 많은 걱정거리가 술술 펼쳐지는 것에 한참을 웃어댔다. 웃음소리에 부아가 나 있는 딸아이를 보고 한마디 했다.

"이 녀석아, 첫애도 아니고 둘째 애면서 걱정도 팔자다."

그랬더니 "둘째니까 더 걱정이 많아요. 첫째 때는 몰라서 못했지만, 둘째는 아는 만큼 다 해 주고 싶어서요."라고 답한다.

이 말을 믿음의 성숙과 연관 지어 생각했다. 아는 것이 많아질수록 해야 하는 것도, 지켜야 하는 것도, 내려놓아야 하는 것도 더 많아짐을 말이다. 딸아이와 제 어미의 걱정이 그저 소소한 걱정은 아닐 것이라는 생각에 그 모녀 사이에 끼어서 조리원이 좋을까, 집이 좋을까 함께 상의했다.

어머니는 한 생명을 기다리며 그 생명을 위한 최선과 최고를 생각한다. 이것을 '둥지 본능'이라고 한다. 어미 새가 아기 새를 위해 둥지를 새로이 정비하는 것이 둥지 본능이다. 사람에게도 같은 본능이 있어서 출산이 다가오는 산모들은 아이의 방을 꾸미고 물품도 준비한다. 마찬가지로 우리 그리스도인에게도 이런 둥지 본능이 항상 존재해야 하는 것은 아닌가 생각한다.

그리스도인의 사명은 '전도'이다. 새 생명을 위해 항상 기도하고 깨어 있어야 한다. 품은 생명을 위해 나 자신을 절제하고 무엇을 해야 하는지 끊임없이 고민하고 성장해야 한다. 그런 은혜로운 걱정들이 차고 넘쳐야 한다.

이 세상에는 하나님의 은혜와 사랑을 모르고 사는 사람이 너무나 많다. 우리가 품어야 할 생명이 그만큼 많은 것이다. 당신은 지금 누구를 걱정하고 있는가?

99.9 퍼센트 vs 0.1 퍼센트

여러 사람을 상담해 보면, 기도 요청을 하는 것 중에 결국은 '돈'인 경우가 허다하다. 이 세상을 살면서 '물질'은 꼭 필요하다. 물질이 곧 '돈'이니 당연하지 하고 넘기지만 가슴이 헛헛해지는 것도 사실이다.

평균 수명 100세를 바라보는 시대다, 그로 인한 고령화의 문제 또한 심각하다, 노후자금이 10억은 있어야 그나마 기본적인 행복을 추구할 수 있다는 기사를 자주 접한다. '행복을 돈으로 산다면 과연 얼마가 필요할까?'라는 조금은 우스운 질문을 스스로 해 보았다.

집이 없는 사람은 자신이 살고 싶은 집의 규모만큼의 재산, 타고 싶은 차 한 대 값, 아이들이 대학까지 다닐 교육비와 자신이 누리고 싶은 여가에 들어가는 비용까지 얼추 머릿속에 떠올릴 것이다. 어떤 이들은 여기에 자신이 가지고 있는 부채, 시골에 계신 부모님 노후 자금, 곤경에 빠진 형제자매에게 후한 인심까지 계산에

넣고, 또 어느새 꿈도 안 꾸었던 호화로운 취미 활동, 그저 남의 것이려니 했던 명품들도 자신의 바구니에 꽉꽉 눌러 담았을 것이다. 이것이 인지상정이니 꼭 물질적인 사고를 한다고 자책할 일도 아니다.

그렇다면 그 모든 것이 다 이루어지면 행복할까? 너무나 당연한 답을 정해놓고 질문하는 것이라 생각하지 말고 이에 대한 답도 곰곰이 생각해보기 바란다. 아마 많은 분들이 '80퍼센트 정도는 행복하지 않을까? 아님 90퍼센트?' 하고 생각할지 모른다. 내 생각에는 이런 모든 인간적인 소망을 이룰 정도로 넉넉한 물질이 있다면 어떤 이들은 99.9퍼센트 행복할 수 있을지도 모른다.

그만큼 대단한 물질을 가지고 있지는 않지만 사람이 계산할 수 있는 영역까지 다 덮을 수 있을 만큼의 물질을 가지고 있다면, 99.9퍼센트는 이 세상을 행복하게 살고 있다고 말하지 않을까? 물질이 줄 수 있는 기쁨은 참 크다. 그리고 물질이 가지고 있는 힘 또한 매우 크다. 슬프지만 현실이다.

그러나 99.9퍼센트 행복한 사람은 0.1퍼센트에 욕심을 내게 되어 있다. 그 0.1퍼센트 때문에 불안하다. 그것이 사람이다. 그것이 불안전한 우리의 바탕이다. 99.9퍼센트가 있다 하더라도 단 하나, 진리를 알지 못한다면 우리는 아무것도 가진 게 없는 것이다. 단 0.1퍼센트를 가지고 있더라도 꼭 있어야 할 그 하나만 품고 있다면 아무것이 없어도 세상이 부럽지 않을 수 있다.

0.1퍼센트 진리만 있으면 그 어떤 이의 시선도 두렵지 않고 그 어떤 장벽도 빼앗아 갈 수 없다. 나를 살리시고 나의 발걸음을 주관하시며, 나의 그 모든 것도 계산하고 계시는 주인이 있다는 것! 그것만큼 가슴 설레는 행복이 있겠는가?

행복은 돈 없이도 살 수 있다. 단돈 10원 없이도 살 수 있다. 그리고 10억 원, 100억 원, 1,000억 원을 가진 자도 가지지 못한 그 진리의 사랑을 우리는 이미 받았고 누리고 있다. 그럼에도 당신은 아직도 행복하지 않은가?

혼자가 아니에요

모든 사람은 성공을 꿈꾼다. 그리고 성공의 결과가 언제나 긍정적이며 모든 이들이 보기에 아름답기를 원한다. 누구나 시작은 그럴 수 있다. 살면서 모든 것이 내 마음과 내 뜻대로 된다면 매우 좋겠지만 매번 내가 원하는 방향과 결과를 얻을 수는 없다.

사람들은 실패를 인정하지 않으려고 한다. 그래서 결과의 책임을 자신이 아닌 다른 누군가와 상황 탓으로 돌린다. 자신의 책임을 인정할 용기가 없기 때문이다.

하지만 결과에 대한 책임은 본인에게 있다. 원하지 않는 결과를 얻더라도 당황하지 말고 담담히 받아들여야 한다. 그것이 우리 인생의 마지막 결과가 아니기 때문이다. 나의 책임으로 온전히 받아들일 때 우리는 한 단계 더 성장할 수 있다.

많은 사람이 회피와 핑계로 책임을 벗어날 수 있다고 생각한다. 하지만 오히려 더 많은 갈등과 어려움 앞에 봉착하게 된다. "다 네 책임이야!"라고 질책하는 것이 아니다. 나는 원하지 않았고 내 뜻은 아닐지라도 실패를 받아들여야 한다는 의미이다. 앞으로는 삶에서 실수를 거듭하지 말고, 아픈 것이 헛되이 묻히지 않고 내일을 향한 밑거름으로 거듭날 수 있도록 건강한 성장통을 겪자는 것이다.

당연히 실패는 아프다. 어떤 이들은 실패를 만나 생을 달리하기도 하고 더할 수 없는 방황의 길을 걷기도 한다. 그들을 비난할 수는 없다. 다만 실패를 만나 당황하는 그들에게 안타까운 마음으로 위로를 보내고 내일로 향하는 문을 열어주고 싶은 것이다.

다른 이를 향한 원망보다 먼저 자기 자신을 추슬러야 한다. 환경을 한탄하는 소리보다 자기 자신을 사랑해야 한다. '왜'라는 질문보다 '어떻게'라는 질문을 던져야 한다. '내가'라는 주어보다 '주님이'라는 주어를 놓고 기도해야 한다.

낮아짐은 우리에게 많은 것을 보게 하고, 또 많은 것을 얻게 한다. 실패를 경험한 당신의 낮아짐은 결코 헛된 것이 아니다. 사람의 생각과 깊이로 하나님의 뜻을 온전히 헤아리는 것은 어렵지만, 한 가지 분명한 것은 하나님은 당신을 혼자 내버려두거나 홀로 그 아픔을 겪도록 하지 않으신다는 사실이다. 하나님은 당신을 진정 사랑하신다. 세상은 당신을 실패자로 부를지라도 하나님은 천하보다 더 당신을 진정으로 사랑하신다.

일어나라! 당신은 혼자가 아니다.

사랑공식

사랑에도 공식이 필요하다. 그리고 그 공식이 성립되기 위해서는 전제 조건도 있어야 한다.

우리는 그리스도인으로 살아가면서 '사랑'이란 단어를 자주 접하고 그 적용에 따른 영향을 많이 받고 있다. 하지만 쉽게 접하는 단어만큼이나 정확하게 그 관계의 적용과 법칙에 관해서는 고민하지 않는 것 같다. 어떤 것이 건강한 사랑이고 관계인지 실제적인 고민을 해야 한다.

상대를 진정으로 사랑하기 위해서는 꼭 전제할 것이 있다. 그것은 바로 자신을 진정으로 사랑하는 것이다. 어떤 이들은 이것을 자아 존중감, 자존감이라고도 한다. 자기 자신을 진정으로 사랑하고 아낄 줄 모르는 사람은 상대방 또한 진정으로 사랑하기 힘들다. 나를 사랑하지 않고 다스릴 줄 모르는 사람이 다른 사람을 사랑한다는 것은 어불성설(語不成說)이다.

하나님은 우리에게 "서로 사랑하라."고 말씀하신다. 일방이 아니라 쌍방이다. 서로 사랑하는 것은 건강한 사랑이다. 한쪽으로 치우치는 집착과 강요가 아닌 서로를 존중하고 지극히 존귀한 존재로 섬겨주는 사랑이다.

자아 존중감이 없는 사람들은 건강한 사랑을 이루기 힘들다. 관계에서 마땅히 오는 마찰과 조정을 자책과 자학으로 망가뜨리기 일쑤다. 관계를 지탱할 수 있는 건강한 힘을 지니지 않고서는 서로 건강한 사랑의 관계를 유지하는 것은 힘든 법이다. 인간관계는 언제나 당연한 마찰을 안고 있다. 그것은 우리가 완벽한 존재가 아니라서 그렇다. 우리는 서로 사랑하면서도 문제 앞에서 조정이란 단계를 거치고 더 큰 신뢰와 굳건한 관계로 나아가게 된다. 하지만 자아 존중감이 없는 사람은 문제 앞에서 뒷걸음치고 관계를 깨버리는 것으로 불안감을 없애고자 하며 모든 책임을 자신에게 돌려 우울해한다.

서로 사랑하는 것, 즉 한쪽이 다른 한쪽으로 치우치지 않고 서로의 굳건한 자리 위에서 서로를 향해 끊임없이 응원하고 돌보아주며 섬기는 것이 첫 번째 사랑공식이다.

서툰 관계로 힘들어 하는 사람이 있는가? 자신을 사랑하는 것이 서로를 향한 사랑의 첫 단계인 것을 기억해야 한다. 그리고 상처 입은 자신을 보듬고 품는 연습을 먼저 해야 한다.

기도 응답

한 주간 집회가 있어 기도원에 머물렀다. 그런데 한 사람이 찾아와, 자신이 신경성 두통으로 20년을 고생했는데 기도하고 또 기도해도 응답이 전혀 없다고 따지듯 이렇게 물었다.

"성경말씀을 들으면 난치병도 치유된다고 하던데, 왜 제 두통은 전혀 차도가 없나요?"

그래서 내가 다시 그에게 물었다.

"치유의 하나님을 믿습니까?"

"물론 믿지요."

"그럼 지금 이 순간 치유된 걸 믿습니까?"

"아니, 지금도 머리가 이렇게 아픈데요."

치유의 하나님을 간절히 바랄 때 다시 찾아오라며 그분을 돌려보냈다. 그리고 그분의 뒷모습을 보며 믿음에 관해 생각해보았다.

믿음은 응답하심에 대한 감사다. 그러나 내가 원하는 만큼 그 결과를 보고 감사하는 것은 믿음이 아니다. 내가 믿음으로 구했다면 그 기도 응답은 이미 내 손에서 떠난 것이다. 응답은 전적으로 하나님 아버지의 몫이다.

우리가 하나님께 기도하면 하나의 씨앗을 받는다고 가정해 보자. 그리고 열매를 고대하며 그 씨앗을 각자의 땅에 심는다. 시간이 흐르고 드디어 때가 되었다. 자, 이제 그 나무의 열매를 보며 한 사람이 이렇게 말한다.

"와, 이렇게 많은 열매를 맺다니! 하나님 감사합니다."

또 다른 한 사람이 이렇게 말한다.

"이건 뭐지? 난 사과를 원했는데 복숭아가 열리다니. 헛고생했군!"

그런데 이 두 사람은 같은 씨앗을 받았다. 그리고 두 사람 모두 열매를 소망하며 정성으로 나무를 가꾸었다. 하지만 그 결과에 대한 반응은 정반대다.

우리는 매일 기도로 하나님께 자신의 구할 것을 아뢴다. 그러나 어떤 이는 응답을 받고 또 어떤 이는 인간적인 눈으로 보기에 안타까울 만큼 응답받지 못한다. 믿음은, 응답받는 기도는 우리의 간구와 소망에 대한 결과까지도 온전히 하나님의 몫으로 돌리는 것이다.

기준선

우리는 끝없는 선택과 결정을 하며 살아간다. 한 끼를 먹으려 해도 무엇을 먹을지, 어디에서 누구와 먹을지에 대해 선택하고 결정한다. 생존을 위한 호흡을 빼면 우리의 의지와 선택이 관여하지 않는 부분은 거의 없는 것 같다. 이런 수많은 선택 속에서 때로 우리는 나의 철학과 욕심이라는 타성에 젖어 슬그머니 중요한 것들을 놓치고 잊고 살아간다.

좁은 문, 좁은 길! 많은 사람이 하나님의 길을 걸어가기 위해, 하나님과 만나는 문을 지나기 위해 눈물로 기도하고 찬양하는 것을 보았다. 하지만 현실의 작은 부분에서 노력하고 헌신하는 사람은 많지 않아 늘 안타까움이 있다.

우리가 선택 앞에 섰을 때 우리에게 확실한 기준이 되는 선이 있다면 훨씬 쉬울 것이다. 그런데 우리에게는 이미 확실한 기준선이 존재한다. 바로 예수 그리스도이시다.

원론적인 말이라 치부할지 모르지만, 사역뿐 아니라 아이를 키우고 남편과 가장의 역할을 할 때에도 언제나 나는 예수 그리스도라는 기준선을 가지고 선택한다. 아이들의 진로를 놓고 아버지로서 선택해야 할 때도 기준은 오직 하나였다. 비록 안타까운 마음이 있어도 지금껏 지킨 기준선은 아이들의 선택을 묵묵히 지지하게 해 주었다. 목회를 하다 허황된 유언비어와 오해를 만났을 때에, 직접 나서서 따지고 해결하고 싶을 때도 있다. 그러나 예수 그리스도는 참으라 하시고, 그들을 사랑하며 축복하라고 말씀하신다.

가끔 세상의 법질서 속에서 해결할 일들도 만나게 된다. "이번에는 힘듭니다. 이번에는 접으셔야 합니다."라고 모두가 말할 때도 예수 그리스도가 할 수 있다 하시면 전혀 두렵거나 걱정하지 않았다. 그리고 그 선택은 언제나 하나님의 능력과 기적을 보여주었다.

오늘 무엇을 먹을까 무엇을 입을까를 위한 선택이 아니라, '오늘 어떻게 행할 것인가? 오늘 누군가를 만날 때 어떻게 할 것인가? 내가 오늘을 어떻게 살아갈 것인가?'에 관한 선택의 기준은 언제나 예수 그리스도여야 하는 것이다.

손주가 가르쳐 준 유행어를 빗대어 정리하면 이렇다.

"세상 속에서 어떤 선택이 옳은지 고민될 때는 당황하지 말고 예수 그리스도면 끝!"

보석들

　우리는 이 세상을 살아가며 많은 이들의 시선으로부터 완벽함을 요구받는다. 자녀를 양육하면서는 조금 더 나은 것을, 조금 더 높은 곳을 원하고 그 가치를 바라보게 하기 위해 노력한다.
　부족함을 채우고 모난 부분을 부드럽게 다듬어 주기 위해 우리는 더 많은 것을, 더 높은 것을 추구한다. 그러나 우리의 노력에도 만족스러운 결과를 얻지 못하면 우리는 실망하고 낙망하여 마음이 상한다.
　나이가 들면서 이런 저런 상황을 경험하고 여러 사람을 겪으며 알아가는 큰 진리가 하나 있다. 마냥 좋은 환경과 상황을 완벽하게 갖춘 사람은 그 어디에도 존재하지 않는다는 것이다. 그러므로 완벽함을 추구하는 것은 참으로 헛된 것이라 할 수 있다.
　어떤 이들은 조금 부족하고, 반대로 어떤 이들은 조금 넘친다. 어떤 이들은 한 곳이 무너졌고, 또 어떤 이들은 한 곳이 너무 높아 문제가 된다. 너무 밝거나 또 너무 어두워서 문제가 되기도 한다.

그렇게 본다면 우리의 모습은 그 자체가 '완벽함'이다.

하나님은 우리를 만드시고 많은 것을 주셨다. 우리는 그 속에서 삶이라는 터널을 지나며 우리의 것을 만들어 가고 있다. 어떤 이들은 이미 지나버린 발걸음 속에 무너지고 일그러진 모습에 연연하여 자꾸 현실을 망가뜨리고 어지럽힌다. 하지만 그렇게 일그러진 모습도 한쪽이 조금 무너진 모습도 나인 것이다.

하나님은 우리가 완벽해지면 사랑하고 은혜를 베푸시는 분이 아니다. 스스로 높아지고자 까치발을 들지도 않고 스스로 아름답게 보이고 싶어 거짓을 말하지 않으며 그냥 나의 모습 그대로 하나님 앞에 섰을 때, 우리는 하나님의 음성을 듣고 하나님의 은혜를 바라보며 진정한 감사로 찬양하게 될 것이다.

하나님의 사랑을 입는 것, 그 자체만으로도 우리는 빛이 나며 이 세상 그 어떤 가치로도 환산할 수 없는 보석이다. 우리는 이미 완벽한 존재다.

나의 목자

분주한 삶에서 잠시 벗어나 간밤에 깊은 묵상에 빠졌다. "여호와는 나의 목자"라는 이 한 구절에 목이 메어 더 읽어 내려갈 수 없었다.

나에게는 목자가 있다. 삶의 방향을 놓쳐 헤매는 많은 무리와 달리 '나의 목자'가 있다.

외로워서 울고, 상처 받아 헤매는 사람들에게는 '방향'이 필요하다. 옳고 그름을 알려주고 아픈 곳을 사랑으로 온전히 덮어주는 사랑이 필요하다. 그것이 없을 때 우리는 헤매고 넘어진다. 나이의 많고 적음을 떠나 누구나 의지할 곳이 없으면 괜스레 불안하다. 많은 염려로 감사와 행복을 느끼지 못하며 산다.

어떤 이가 "예수를 믿으면 무엇이 좋나요?"라고 물은 적이 있었다. 나의 대답은 간단명료했다.

"주인이 생긴다는 것이 좋지요. 나의 주인이 생기면 먹을 것, 입을 것, 아무것도 나의 염려가 아닙니다."

하지만 안타깝게도 같은 예수님을 믿으면서도 어떤 이들은 이와 같은 자유를 누리지 못한다. 왜 그런가? 주인 앞에 온전히 내려놓지 못하기 때문이다. 주인을 주인으로 인정하지 않기 때문이다. 주인의 품보다 세상의 품을 더 그리워하기 때문이다. 주인에게 받은 것보다 받지 못한 것에 대한 미련이 더 크기 때문이다. 주인의 것과 나의 것을 구분하지 않고 과한 욕심을 부리기 때문이다.

> 여호와는 나의 목자시니 내게 부족함이 없으리로다 (시편 23:1)

무슨 복이 더 필요한가? 무슨 은혜가 더 필요한가? 무슨 구함이 더 필요한가? 나의 목자가 있는데 왜 걱정하는가? 왜 염려하는가? 왜 슬퍼하는가?

따라만 가면 된다. 헛된 유혹과 헛된 욕심 앞에서 흔들리지 말고 오직 예수 그리스도만 따라가면 된다. 나의 주, 나의 주인이 우리를 푸른 초장에 누이시며 쉴만한 물가로 인도하시는 역사가 일어날 것이다.

저 푸른 초원 위에

이 세상에 성공하고 싶지 않은 사람이 있는가? 행복하고 싶지 않은 사람이 또 어디에 있는가? 누구나 성공을 꿈꾸고 행복하기를 바란다. 그렇다면 우리가 생각하는 일상적인 행복은 무엇인가? 일반적으로 누구에게 내놓아도 자랑스러운 가족과 풍족한 물질, 멋진 차와 으리으리한 집일 것이다.

그러면 우리가 생각하는 일상적인 불행은 또 무엇인가? 내세울 것 하나 없는 가족과 궁핍한 물질, 초라한 집일 것이다.

그런데 과연 이런 것들이 행복과 불행을 나누는 확실한 기준이 될 수 있는가?

"저 푸른 초원 위에 그림 같은 집을 짓고…."

아주 옛날에 유행하던 노랫말처럼 우리는 희망이라는 것을 품고 매일 머릿속에서, 우리의 꿈속에서 그림 같은 집을 짓고 산다. 세상은 우리에게 끊임없이 조금 더를 요구한다. 또 청년들이 조금만 더 노력하면 빌 게이츠처럼 성공할 수 있을 것이라고 말한다.

그래서 사람들은 마치 브레이크 없는 자동차들처럼 앞만 보며 달려가고 있다. 그 빠른 속도에 맞추지 못하는 사람들은 마치 낙오자처럼, 때로는 전혀 꿈도 희망도 없는 무능한 사람으로 취급받기도 한다.

성공을 위한 삶은 누구를 위한 것인가? 앞에서 나열한 행복의 조건들을 채우기 위한 노력들인 것인지, 내일을 위한 투자인지, 그저 도전적인 삶의 자세에 당연한 삶의 패턴인지 생각하고 점검해야 한다.

성공을 위한 삶은 쉽게 무너지기 마련이다. 어떤 연구 결과에 따르면, 사람들은 성공을 두려워하는 경향이 있다고 한다. 그 이유는 성공한 최고의 상태에서 아래로 다시 떨어질까 두려워하기 때문이다. 오로지 앞만 보고 달리던 사람들이 최고점에 도달했을 때 갖게 되는, 이제 어디로 나아가야 하는지에 대한 두려움 때문이다. 옆과 뒤는 보지 못하고 앞만 보고 내달린 사람들에게 더는 나아갈 앞이 없다는 것은 큰 두려움일 것이다.

저 푸른 초원 위에 꼭 그림 같은 집을 지어야만 행복할 수 있을까? 야망 없이 사는 것이, 무소유의 삶을 지향하는 삶이 정답이라는 것은 결코 아니다. 꿈을 꾸고 행복을 추구하고 성공을 위해 나아가라. 그리고 각자의 삶에서 하나님의 영광을 마음껏 드높이기를 바란다.

다만 옆도 보고 뒤도 보아야 한다는 것을 다시 한 번 확인하고 점검해 보자는 것이다.

　가족의 상황을 살피기도 하고, 이웃의 사정을 들여다보고, 나의 어두운 모습을 비추어 보기도 하고, 아이의 마음을 다독이기도 하고, 지난 시간 잊고 있던 고마움과 미안함을 전하기도 하고 말이다. 그것이 우리 마음속 푸른 초원 위에 그림 같은 삶을 유지하고 영위해 갈 수 있는 좋은 방법이기 때문이다.

하늘에 계신 우리 아버지

우리가 매 주일 습관적으로 빠지지 않고 중얼거리듯 하는 것 중 하나는 주기도문이다. 처음 교회에 나가 주기도문을 접했을 때 나는 "하늘에 계신 우리 아버지"라는 이 대목에서 눈물이 흐르고 목이 메어 아무것도 할 수 없었다.

하늘에 계신다는 것은 곧 나의 모든 것을 놓치지 않고 보고 계신다는 것이고 우리 아버지라는 것은 이미 그 안에 내가 속해 있다는 것이다. 신앙이 생기면서 몇 년 동안은 정말 주기도문을 울지 않고 끝까지 마친 적이 거의 없었다.

정말 기본 중에 기본이 되는 질서들이 주기도문 안에 모두 담겨 있다. 어떤 분들은 이런 질문을 하곤 한다.

"하나님을 잘 섬기고 싶어요. 믿음생활도 정말 잘하고 싶고요. 어떻게 하면 하나님의 말씀을 따라 살 수 있을까요? 너무 추상적이라서 현실에 어떻게 적용할지 모르겠어요."

이럴 때마다 주기도문에 따라 생활해 보라고 권면한다. 매일

한 번씩 주기도문을 한 구절 한 구절 그 뜻을 알고자 노력하고 그 뜻을 내 삶에 적용하기 위해 고민해 보라고 조언한다.

"하늘에 계신 우리 아버지."

이 구절을 읽을 때 정말 나의 아버지로 믿어지는지, 또 그 아버지가 하늘에서 나를 언제나 바라보고 계심이 느껴지는지에 대한 고민에서 시작하면 된다. 그것에 대한 믿음이 생기지 않는다면, 나의 하나님을 구하는 기도부터 시작하면 된다.

나는 초신자 시절에 한 구절 한 구절 내게 주시는 말씀대로 하나하나 엮고 풀어가는데 5년의 시간이 걸렸다. 절대 허투루 넘기지 않고 대충 내 뜻대로, 마음대로, 기분대로 해석하지 않으려 노력했다. 차근차근 말씀을 풀어 가면 뜬구름 잡는 것처럼 느껴지던 나의 신앙이, 그리스도인으로서의 삶이 조금은 쉽고 현실적으로 다가올 것이다.

우리는 성장 과정도 다 다르고 현실적인 문제 상황도 많이 다르다. 그렇기에 동일한 사건을 보고 들어도 각자 다른 시각으로 바라보는 것이다. 다른 이들의 간증과 큰 보폭에 두려워하지 말라. 우리는 우리 각자만의 믿음이 있다. 그 믿음이 하나님과 나의 관계인 것이다. 다른 이들보다 작다고, 다른 이들보다 크다고 창피해하거나 자랑하는 비교의 대상이 아니다.

가만히 주기도문을 마음속에 새겨보라. 주기도문이 내 삶에 어떻게 표현되고 고백되고 있었는지 살펴보라. 작은 발걸음이 큰 파장이 될 수 있다. 정체되어 답답하게 느껴지던 나의 신앙이 작은 기울임과 노력에 큰 기쁨이 될 수 있다.

추수할 때

수양관을 오가며 바라보는 창밖의 풍경이 옅은 초록에서 점점 짙어지더니 알록달록 예쁜 옷으로 갈아입고 그 화려함을 사방으로 흩어놓았다. 벼이삭이 고개를 한참 숙인 논을 바라보고 바람을 타고 나는 잎새들의 움직임을 보는 것만으로도 가슴 깊은 곳의 충만함이 느껴지는 계절이다.

수양관 집회를 위해 운전을 하다 신호등에 맞춰 잠시 정차했다. 농부가 그을린 얼굴로 바삐 채비를 하는 모습이 보였다. 언제 하려나 기대하고 바라보았던 가을걷이를 드디어 시작했나 보다. 햇살을 머금은 얼굴 속에 환하고 충만한 기쁨이 엿보였다. 바라보는 사람도 농부의 기쁨이 느껴지는 순간이다.

운전을 하는 내내 방금 본 추수하는 이의 표정이 눈앞에서 쉬이 사라지지 않았다. 추수하는 이의 기쁨, 노력한 자의 결실, 뿌린 자의 노고, 거두는 이의 성실함, 그 어느 것 하나 쉬이 얻을 수 없는 것이기에 그 농부의 수고가 참으로 값지게 느껴진다.

추수할 때가 되면 성실한 농부와 그렇지 않은 농부의 진실을 보게 된다. 게으른 종과 성실한 종의 상급과 그로 인해 누리게 되는 이 땅의 복에 관한 이야기가 아니다. 사람이 누리는 복의 양으로 그 사람의 일에 관한 성실함을 판단할 수는 없기 때문이다. 추수할 때가 이르러 내 손 안에 일구어진 것들을 가만히 바라볼 때 갖게 되는 충만함은 성실한 자만이 누릴 수 있는 특권이다.

많은 이들이 '추수할 때'라는 표현으로 지금의 시대를 비유하곤 한다. 그리고 우리가 성실한 하나님의 일꾼으로 그 사명을 감당해야 한다고 말한다. 하지만 추수의 자리에 서 있다 하여 누구나 같은 기쁨을 얻을 수는 없다. 이른 봄에 씨를 뿌리고, 여름내 뜨거운 뙤약볕을 맞으며 거친 폭풍 속에서 자라는 곡식을 걱정하여 밤잠을 설치고, 결실을 노리는 어두운 존재로부터 지켜내기 위하여 애달파 본 농부만이 추수의 자리에 떳떳하게 서 있을 수 있는 것이다.

우리는 하나님의 일꾼이다. 일꾼들은 꼭 그 성실함을 평가받게 된다. 성실함은 하나님 나라와 그 의를 위해 섬기는 자들의 본분이다. 자신에게 주어진 사명과 그 역할을 다시 새기길 바란다. 나의 이름과 그 역할 속에 성실함으로 주의 인자하심에 감사를 드리라.

성실한 농부가 땀의 결실을 맺어 기쁨이 넘치는 계절에 다시 한 번 다짐한다. 하나님의 때가 이르러 추수할 때에, 일꾼으로서 성실함을 요구하실 때 당당하고 기쁘게 그 부르심에 나아갈 수 있는 하나님의 일꾼으로 준비되기를⋯.

노력한 자의 몫

수양관에 도착할 즈음 잠시 차를 세우고 다시 추수하는 광경을 바라보았다. 벌써 시간이 이렇게 지났구나 하는 시간의 흐름에 새삼 놀라기도 하면서 요 며칠 참 많은 생각을 했다.

농부는 자신의 꿈과 희망을 담아 씨앗을 심는다. 두꺼운 땅을 뚫고 나오는 여린 새싹들이 행여 어떻게 되지는 않을까 노심초사한다. 그리고 자라가는 모습을 때마다 일일이 살피며 보낸 시간 속에서 기쁨과 보람을 느낀다. 그 모든 과정을 거치고 드디어 추수할 시간을 맞이한다. 이때 농부는 진정한 감사를 느낀다. 이렇게 농부는 추수의 자리에 이르는 것이다.

추수는 노력한 자의 몫이다. 그런데 우리는 이런 당연한 과정을 뛰어넘고 추수의 자리에 먼저 가려고 한다. 뿌리지 않고 거두기만을 원한다. 낫을 들고 나서야 하는 우리가 자꾸 바구니만 들고 들판에 나서려 하는 것이다. 하나님은 로또의 하나님이 아니시다. 하나님은 성실한 자들의 땀을 사랑하시고 심는 자들의 수고를 보시는 분이다.

우리의 입술이 왜 자꾸 축복만을 외치는가? 우리의 가슴은 왜 자꾸 우리의 감성에만 귀 기울이고 다른 이들의 아픔과 상처에는 무감각해진 것인가?

우리는 노력을 잊은 게으른 농부일지 모른다. 그리고 갖고자 하는 욕심만 가득한 욕심 많은 농부일지 모른다. 심지 않았다면 구하지 말아야 한다. 노력하지 않았다면 추수의 자리에 주인으로 서면 안 된다.

하나님은 우리에게 말씀하신다. 하나님을 위해 일하고, 하나님의 이름을 알리기 위해 나서야 하며, 하나님의 사랑을 전하기 위해 나의 것을 기쁘게 나누고 감사하라고 말이다.

나의 소유만이 우선인 농부가 어찌 하나님의 것을 바라고, 소망이 다 이뤄지지 않았다고 쉬이 원망을 할 수 있는지 참으로 안타깝다.

모든 것이 무르익어 풍성한 추수의 계절에 자신의 영적 과수원에서는 무엇을 추수할 수 있는지 가만히 각자의 과수원을 거닐어 보기 바란다.

시선

평소에 보이는 모습만으로도 충분히 다른 사람에게 행복을 느끼게 하는 부부가 있었다. 우리 교회 성도는 아니지만 몇 년을 두고 때마다 우리 내외를 챙기며 고마운 마음을 전하는 부부였다. 서로를 살뜰히 챙기는 부부의 모습이 얼마나 아름다운지 언제나 훈훈하게 바라보았다.

그런데 얼마 전 아내 되는 사람이 상담을 요청해 만났다. 내 기억에 그분은 언제나 밝고 환한 미소가 얼굴에 가득했다. 그러나 그날 마주 앉은 그분의 얼굴은 너무나 어두웠다. 무슨 이야기가 나올까 가만히 기다렸지만 그분은 그저 소리 없이 눈물만 뚝뚝 흘리고 있었다. '무슨 큰일이 있구나.' 하는 생각에 기다리는 내 마음도 두근두근 뛰었다. 옆에 함께 앉아 가만히 기다리고 있던 사모가 물었다.

"무슨 일인데 그래? 말해 봐요."

그분은 사모에게 안겨 한참을 그렇게 또 울기만 했다.

그분의 사연은 이랬다. 자기의 삶은 다 거짓이다. 남편은 그리 자상하지도 않은데 사람들 앞에서만 자기에게 무척 잘해주는 척 했단다. 자신도 처음엔 그런 남편이 의아했지만 사람들, 친구들, 그리고 지인들에게 행복하게 사는 것처럼 보이고 싶어 덩달아 장단을 맞추고 살았다는 것이다. 하지만 이제 마음이 허허하고 너무 아파 연극을 그만하고 싶은데, 용기가 나지 않는다는 것이다.

우리는 이 세상을 살아가며 많은 시선들과 만난다. 그런데 이상하게도 사람들은 타인의 시선 속에서 살아가려고 한다. 타인에게 보이는 모습을 중요시하고 타인이 자신을 부러워하는 시선에 행복을 느끼는 듯하다.

SNS(소셜네트워크서비스)가 붐을 이루고 사람들은 저마다 많은 시간을 투자하며 그것에 연연하는 이유 중 하나도 '타인의 시선 속에 느껴지는 행복' 때문이 아닐까 한다.

식당에서도 음식이 나오면 각자의 스마트폰으로 음식 사진을 찍고 무언가를 한참이나 한 다음, 식사를 하는 젊은이들을 자주 본다. 눈앞의 음식을 식기 전에 맛나게 먹는 것이 우선인데 왜들 저리 사진을 찍는 것에 연연하는지 선뜻 이해가 안 되었다. 그러다가 너무나 바쁜 오늘을 살아가는 이들이 인간애의 그리움으로 또 다른 공간에서의 소통을 원하기 때문은 아닐까 하고 생각하게 되었다.

우리는 타인을 잘 살피려고 하는 시선을 발달시키며 살아오고 있다. 실시간으로 누가 오늘 어디서 무얼 먹고 무엇을 했으며, 다른 집 아이는 무엇을 입고 있는지 등에 관심을 기울인다. 하지만 정작 자신을 살피고 돌아보는 시선은 짐짓 모른 척 눈감고 살고 있는 것은 아닌가 싶다.

다른 이가 무엇을 입고 먹고, 무엇을 추구하며 사는지보다 내 내면의 모습을 먼저 살펴야 하는 것은 아닐까? 나의 내면이 헐벗은 것은 아닌지, 내 영혼이 갈급한 것은 아닌지 먼저 살피고 챙기는 것이 건강한 시선을 갖고 사는 모습이다.

다른 이들의 시선 속에 갇혀 정작 나의 이야기를 놓치고 사는 이들에게 하나님의 건강한 사랑의 눈길이 전해지면 좋겠다. 또 그로 인해 자신의 아픔과 상처를 담담히 마주하고 이겨나갈 수 있는 담대함을 갖기를 간절히 기도한다.

낯선 곳

익숙함에서 벗어나 낯선 곳으로 떠나는 발걸음은 언제나 설레고 기대가 넘친다.

최근 미국행 비행기를 타게 되었다. 자리에 앉은 후 눈을 감은 채 두고 온 것은 없나 하는 생각에 빠졌다. 그런데 하필 옆자리에 앉은 수다쟁이 승객이 이륙부터 착륙까지 단 한시도 가만히 있지 않고 부산을 떨었다. 그래서 잠을 잘 수도, 생각에 잠길 수도, 성경을 읽을 수도 없었다. 열 시간 넘게 꼬박 곤두선 신경으로 있다보니 착륙과 동시에 말할 수 없는 피로감이 몰려왔다. 마중 나온 손주를 보고서야 알 수 없는 안도감이 들었다. 눈물까지 글썽이며 반기는 아이를 가슴에 안고 비행으로 인한 피로감을 조금이나마 덜 수 있었다.

가만히 앉아 쉬었다가는 영락없이 몸살이 올 것 같아 서둘러 딸네 집을 찾았다. 이제 갓 백일을 넘긴 손주와 그 사이 수척해진 딸의 얼굴을 보니 울컥 눈물이 솟았다. 제 손으로 준비한 백일상 앞에 앉아 녀석들의 사는 모습을 보자니 애잔함에 마음이 좋지 않았다. 남의 나라에서 소수 민족으로 살아간다는 것이 만만한 일은 아니지만 그래도 손바닥만 한 공간에 네 식구가 복닥거리고 있는 모습이 너무나 마음을 아프게 했다.

내가 왔다고 들뜬 딸 부부와 아이들과 사진도 찍고 담소를 나누고 숙소로 돌아왔다. 하룻밤이라도 자고 가라며 우는 녀석에게 "할아버지 여기서 잠도 못 주시면 말씀 못 전하신다."고 타이르는 딸아이의 눈물을 보고는 돌아서 숙소를 향하는데 흐르는 눈물을 주체할 수 없었다.

운전을 하는 사위도 말없이 숙소에 내려 방까지 나를 배웅하고는 조용히 돌아갔다. 다 큰 녀석들을 보며 왜 이리 가슴이 아픈지 누워 있어도 잠이 오질 않았다.

그러고 보면, 갓 스물이 되지도 않은 아들을 돈 한 푼 없이 미국으로 떠나보낼 때도 이렇게 가슴이 아팠다. 100만 원을 환전해 아들 옷 깊숙이 넣어주며 "널 믿는다. 잘해 낼 거야."라며 등 두들겨 보냈던 땅, 아들과 딸이 소수 민족으로 살아가고 있는 이곳이 새삼 낯설게 느껴져 밤새 뒤척이며 잠을 이루지 못했다.

아들이 학업에 조금이라도 소홀한 것을 보면 조급함으로 다그쳤다. "좀 더 분발해라, 좀 더 강해져라." 사위가 외로움을 토로할 때도 그랬다. "더 한 것도 참아야 목회자가 되는 거다. 외롭다는 것은 나태해진 거다." 그런데 이 타지에서 힘들었을 녀석들의 모습을 직접 보니 아비의 무심함이 미안하여 자꾸 가슴이 아파온다.

새벽녘이 되어서야 뒤숭숭한 마음을 접고, 잠을 청하던 노력을 멈추고 무릎을 꿇는다. 그리고 이 타지에서 의지할 것은 나의 하나님밖에 없음을 다시 고백했다. 어떤 계획으로 나를 이곳으로 보내시고 이 땅으로 이끄셨는지, 이 작은 자가 무엇을 이루어야 하고, 무엇을 전해야 하는지 오직 주님께 물었다.

"아버지, 저를 무엇에 쓰시려 하십니까?"

그 질문 한마디에 알 수 없는 감사가 꾸역꾸역 목구멍을 타고 올라와 몇 시간 동안 감사의 기도만 드렸다. 모든 것을 지키시고 이루시며, 또 모든 것을 덮으실 내 주인께 감사하며 다시 잠을 청했다.

충만과 감사

....

항상 우리를 그리스도 안에서 이기게 하시고 우리로 말미암아 각처에서 그리스도를 아는 냄새를 나타내시는 하나님께 감사하노라
(고후 2:14)

우리는 항상 감사해야 한다고 배웠다. 가정에서도, 사회에서도, 교회에서도 그렇게 배웠다. 어떠한 상황에서도 감사할 수 있는 것은 교육과 훈육으로 되는 것이 아니라, 진정으로 내 안에서 피어나고 열매 맺어야 할 일이다. 하지만 어려움 가운데, 슬픔 가운데, 고통 가운데 진정으로 감사할 수 있는 믿음은 참으로 크고 놀랍고 먼 이야기처럼 보이는 것이 솔직한 우리들의 삶이다.

사람들은 어떤 순간에 진정으로 감사하는가? 물질이든, 은혜든 '충만'할 때 일 것이다. 그런데 매일 감사의 조건이 넘치는 삶을 살아가는 사람이 과연 몇 명이나 되겠는가?

우리가 흔히 알고 있는 것처럼 사람 사는 모습은 거의 비슷하

다. 누구에게나 고민과 근심의 보따리가 있다. 다만 그 보따리의 색과 무게가 다를 뿐이다. 감사할 수 있을 때 감사하는 것은 일차원적인 반응이다. 그러나 감사할 수 없을 때 감사하는 것은 자아초월적인 삶의 빛을 내는 것이다.

우리는 우리 안에 답을 담지 못하고 사는 존재다. 오직 하나님에게서 빛을 받고 그 빛을 따라가는 존재다. 내 손에 주어진 것만 바라보면 삶의 현장은 매 순간 외롭고 힘든 싸움이다. 하지만 하나님의 부르심과 계획하심을 따라 빛을 보고 나아가는 삶에서 넘어짐은 일어섬을 위한 단계이고 슬픔은 큰 기쁨을 위한 전주인 것이다.

현실을 부정하자는 것이 아니다. 우리의 현실이 끝이 아니라는 것이다. 현실의 충만함에만 치중하여 살면 너무나 단조로운 감정 패턴에 붙잡히게 된다. 하지만 하나님의 사명에 집중하면 현실의 감정보다는 그 위에 놓인 계획하심을 믿음으로 따르게 된다.

충만할 때 감사해야 한다. 충분히 그 은혜에 감사하라. 충만하지 못함도 감사하라. 일부러 힘을 내어 눈물을 짜내어도 감사하라. 나는 안다. 그리고 믿는다. 오늘 우리의 슬픔과 아픔, 고통이 끝이 아님을.

아픔 가운데, 슬픔 가운데, 고통 가운데 넘어져 울고 있는 사람들이 있는가? 위로와 사랑, 진정한 감사를 전하라.

온전히 매이는 것

"오직 주의 사랑에 매여 내 영 기뻐 노래합니다."

운전하다 라디오를 통해 들려오는 찬양에 마음이 흠뻑 젖어든다. 이 한 구절에 얼마나 큰 은혜의 고백이 담겨있는지 하루 종일 흥얼흥얼 이 구절만 반복해 불렀다. 오직 주의 사랑에 매인다는 것이 얼마나 큰 내려놓음과 순종의 고백인가?

우리는 살아가면서 많은 실패와 어려움을 만난다. 그리고 하나님께 도움을 구한다. 그런데 하나님의 응답을 기다리지 않고 세상의 방법과 세상의 위안을 찾아 떠나버린다.

진정한 믿음은 묵묵히 기다리는 것이다. 그리 아니하실지라도 잠잠히 기다리는 것이다.

세상의 해결 방법에 매이기 위해 사방을 뛰어다니는 것이 아니라 오직 주의 사랑에 매여 있어야 한다. 그 줄에 매여 있는 것이 부담스럽지도 않고 버겁지도 않아 언제나 그 영이 기뻐하며 노래하는 것이다.

어떤 이들은 하나님께 온전히 매이는 것을 부담스러워 한다. 세상에 대한 미련이 있기 때문이다. 또한 하나님께 온전히 매이면 큰일이 날 거라는 생각을 많이 한다. 하지만 하나님께 온전히 매여 본 사람들은 알게 된다. 하나님께 온전히 매일 때, 말할 수 없는 자유함이 있다는 것을 말이다.

오직 주의 사랑에 매이기 위해서는 완전한 내려놓음이 필요하다. 완전한 내려놓음이란 완전한 순종을 뜻하고, 완전한 순종이란 나의 모든 시작과 그 끝을 온전히 주께 맡기는 것이다.

어떤 이들은 행복이 무엇인지, 기쁨이 무엇인지 잘 알지도 못하고 무작정 구한다. 그러고는 주위에서 아무리 행복해 보인다고 말을 해도 많은 걸 갖고 있다고 말을 해도 어떤 것이 행복인지, 감사함인지 알지 못한다.

오직 주의 사랑에 매이기를 기도하라. 그리고 오직 주의 사랑에 매인 자만이 누리는 중심의 기쁨과 행복을 누리기 바란다.

열매

....

　우리는 농부가 땅을 다듬고 씨를 뿌려 작은 씨앗을 틔우고, 그 씨앗이 자라 열매를 맺는 그 시간 동안 얼마만큼의 땀과 정성을 필요로 하는지 알고 있다. 그래서 추수의 시기를 맞아 땅에 심긴 정성과 결실을 맞이하며 어떠한 뿌듯함과 감격을 느낄지도 충분히 짐작해 볼 수 있다.

　많은 것이 변하고 있다. 본질에서 벗어나고 진리에서 벗어나 왜곡되고 있다. 이념과 다양성이라는 이름 앞에 진리마저 쪼개지고 흔들리고 있다. 이상한 일이다. 노력하지 않은 자들이 남의 밭에 들어가 남의 것을 가져오고 들인 정성 없는 남의 땅에 자신들의 이익을 더하려 한다.

　많은 사람이 지금을 마지막 때라고 말한다. 그만큼 지켜야 할 것이 더 많고 경계해야 할 것이 더 많음을 뜻하는 것이다.

　하나님은 우리를 이 땅에 심으셨다. 어떤 이는 토마토라는 이름으로, 또 어떤 이는 오이라는 이름으로, 또 어떤 이는 석류라는 이름으로 심으셨다. 그러고는 우리를 가꾸시고 가지도 치시며, 벌레도 잡는 노력과 수고로 키우신다. 이제 추수의 때가 되어 주인 되시는 하나님이 우리의 밭으로 찾아와 보려고 하신다.

우리는 이 땅에 열매를 맺고자 심겼다. 우리의 나무에는 하나님의 열매가 맺어 있어야 한다. 사랑의 열매, 화평의 열매, 화목의 열매, 평안의 열매, 은혜의 열매, 전도의 열매 등이 탐스럽게 열려 주인을 맞아야 하는 것이다.

주인이 심은 것은 토마토 나무인데 뜬금없이 파인애플을 맺고 있다고 생각해보라. 평안의 열매가 아닌 다툼의 열매, 은혜의 열매가 아닌 불평의 열매, 전도의 열매가 아닌 분쟁의 열매 등이 가득 맺혀 주인을 맞는다면 우리는 주인의 품에 기쁨과 뿌듯함으로 안길 수 없을 것이다.

한 해의 마지막이 점차 가까워지고, 더 채우기보다는 조금씩 정리하여 덜어낼 것이 늘어가는 계절의 변화 앞에서 가만히 내 가지에 달린 열매를 보았으면 한다. 그리고 그 가지에 열린 열매가 주인의 의도와 계획하심에 맞는 것인지 잠시 묵상해 보는 시간을 갖기 바란다.

그들만의 하나님

그러므로 염려하여 이르기를 무엇을 먹을까 무엇을 마실까 무엇을
입을까 하지 말라(마 6:31)

우리는 살면서 많은 것에 허기를 느낀다. 매일 삼시 세끼를 잘 먹고 살면서도 맛집을 검색하고, 헐벗지 않고 날마다 다른 옷으로 갈아입고 살면서도 유행이 무엇인지 매일 검색하는 이 시대 사람들을 가만히 바라보노라면 눈에 보이지 않는 삶의 허기가 무섭게 지배하고 있는 것 같다.

오늘날에도 정말 끼니가 없어 고민하고 하룻밤 머물 곳이 없어 배회하는 많은 위기의 가정들이 있다. 그들은 허기가 아닌 절박한 삶의 고비와 위기로 먹을 것과 쉴 곳을 원한다. 먹는 것과 살아가는 것의 잉여와 허기는 조금 다른 차원인 것이다.

많은 사람이 예수님을 찾는다. 그들의 삶 속에서 예수님의 기적이 펼쳐지길 원한다. 나도 그들과 함께 기도하고, 간절히 소망한다. 그런데 가끔 가슴을 아프게 하는 기도의 제목들도 있다.

얼마 전, 고가로 보이는 밍크를 입고, 보는 것만으로도 가치를 짐작하게 하는 가방을 든 모녀가 나를 찾아왔다. 떠들썩하게 자기소개를 하고 마주 앉은 그들에게는 그 어떤 결핍이나 부족함이 느껴지지 않았다. 그들이 하는 말은 평범하게 살아온 나에게는 도무지 알아듣지 못할 다른 세상 이야기로 들렸다. 이야기 주제라고는 온통 주식, 선거, 해외 투자에 대한 것들뿐이었다.

더는 집중하고 들을 수가 없어 무슨 일로 찾아왔는지 물었다. 이번 선거에서 자신들의 사업에 유리한 후보가 당선될 수 있도록 기도를 해 달라는 것이었다. 원래가 모진 말을 못하고 잘 거절하지 못하는 성격이어서 아내에게 자주 타박을 받곤 하는데 이번만큼은 정말 화가 났다. 그래서 그냥 조용히 가시라 말하고 일어섰다. 그랬더니 두 모녀의 공격이 대단했다. 목사님은 기도와 도움을 청하는 사람들의 요구를 항상 받아주어야 하는 것이 아니냐며 질타했다. 아주 우아하게 공격하는 그 모녀를 마주하고 다시 앉았다. 그러고는 조용하게 이 말을 전했다.

"물론 목사라는 소명이 하나님을 찾고 도움을 구하는 자들을 위해 있는 것은 맞습니다. 하지만 두 분은 지금 하나님이 필요한 것이 아니라 본인들의 욕심을 채워줄 하수인이 필요한 것 같습니다. 저는 두 분과 같은 욕심쟁이의 기도는 해 드릴 수 없습니다."

화가 나서 얼굴이 벌게진 두 모녀는 크고 화려해 보이는 모피

코트를 두르고 휙 돌아서 나갔다. 그들이 떠난 자리에서는 진한 향수향이 진동했고 함께 있던 동료 목사님들은 쓴 웃음을 지었다.

이 세상 많은 사람이 나의 주, 나의 그리스도를 찾는다. 그들의 삶에 직접적으로 개입해 주시길 소망한다. 그런데 그저 먹고 사는 문제에 나의 주를 찾는 경우가 대부분이다. 그들의 욕심 가득한 기도가 뭉게뭉게 검은 먹구름처럼 자꾸 내 가슴을 아프게 한다.

공허함

몇 해 전, 대선이 끝나고 떠나야 할 사람들과 새로이 시작하는 사람들을 바라보며 많은 생각에 젖었었다. 당시 동료와 후배 목회자들과 자연스레 대선을 이야기하고 그에 따른 변화에 대해 종종 이야기했다.

한 분이 이런 말을 했다.

"참 허무하게 느껴져요. 세상의 권력이니, 명예니 하는 모든 것이 말이죠. 다 없어지는 거 아닌가요?"

공감한다는 듯이 진한 한숨들이 여기저기서 새어나왔다. 인생의 가을을 살고 있는 이들에게는 떠나는 것들과 떠나는 자들의 뒷모습이 더 아련하고 가슴을 아프게 하는 것 같다. 감정이입이 되는 것이다. 우리는 때로 허무하다는 감정에 휩싸일 때가 있다. 그것은 아마도 자신의 뜻대로 일이 이루어지지 않고 생각대로 일이 잘 풀리지 않아 생기는 공백기 때문일 것이다. 나도 이런 허무함을 느끼곤 한다. 믿었던 믿음의 관계가 틀어지는 것을 볼 때가 가장 그렇다.

허무의 감정이 불안과 우울함을 만나면 그 마음은 마치 공중에 떠도는 깃털과 같아진다. 일상이 그저 밋밋하고 매번 마주치는 사람도 그저 심드렁하고 그렇다. 넋 놓고 허무함의 감정에 끌려가 버리는 것이 우리의 일반적인 반응일 것이다.

이렇게 허무함의 감정이 찾아올 때 좀 더 빨리 제자리로 돌아오는 방법이 있다. 모든 것이 무가치하고 무의미하게 느껴지는 공허감이 찾아올 때 억지로라도 더 빨리 더 오래 무릎을 꿇는다. 온 몸을 땀과 눈물로 적신다. 나의 부르심의 목적을 다시금 새기고 첫사랑의 감격을 되살린다. 몇 시간이고 웅크리고 엎드려 기도하다 보면 어느새 허무와 공허감은 기억조차 나질 않는다. 온 대지를 덮었던 안개가 한 줌의 햇살에 서둘러 제 모습을 감추듯이 말이다.

나에게 공허감과 허무함은 어느새 집중적으로 기도해야 하는 일종의 신호가 되었다. 안개 속에 갇혀 있으면 어느새 그 안개에 익숙해져 버린다. 그 안개를 벗어나려 했던 처음의 생각도 잊어버리게 되는 것이다. 허무한가? 그러면 기도하라. 그 허무함의 텅 빈 그릇 속을 하나님이 직접 채우실 것이다. 허무한가? 그러면 기뻐하라. 이제 한 줌의 햇살만 찾으면 더 큰 감사와 감격이 기다리고 있기 때문이다.

순백한 소명의 은혜

04

나만의 경주에 집중해야 한다. 다른 이의 경주에 더 관심을 쏟고 마음을 두면 어느새 내 경주는 엉망이 되고 헛된 경쟁심에 일을 다 그르치게 된다. 나만의 트랙에 집중하기 바란다. 하나님이 내게 바라시는 것이 무엇인지, 하나님이 내게 원하시는 것이 무엇인지 깊이 묵상하고 항상 물으며 말씀을 통해 방향을 잡고 신실하게 경주해야 한다.

오직 한 가지

그것만은 안 된다고 그것만은 지켜달라고 애원하지만, 바로 그 소원을 거두실 때 우리가 진정 하나님께 감사할 수 있을까를 고민하는 하루였다.

오래 전부터 암 투병을 하던 한 소녀가 있었다. 그리고 그 곁에는 홀로 되신 사모님이 계셨다. 젊은 시절, 목회를 하던 남편을 떠나보내고 의지하며 지냈던 딸의 혈액암 소식은 사모님을 더욱 강하고 굳건하게 만들었다. 우리 부부는 간혹 들려오는 소식에 걱정했지만, 가끔 전하는 우리의 마음에 매번 다음에 꼭 갚으시겠다 다짐하던 씩씩한 목소리에 '엄마라는 이름이 얼마나 강인한가?' 하는 생각을 했다.

자정이 넘은 시간, 요란하게 울리는 전화벨 소리에 이상하리만큼 불안했다.

"아이가 하나님께 돌아갔네요."

소리 없이 흐느끼는 사모님의 울음에 우리 부부도 새벽을 맞을 때까지 넋 놓고 앉아 있었다. 사모님은 일가친척도 없는 처지라 그냥 화장할 것이니 마음 쓰지 않아도 된다며 담담하게 인사를 전했다. 그리고 오히려 아내의 건강을 당부했다.

담담한 음성에 더 불안했다. 며칠이 지나고 사모님에게서 온 전화를 아내가 받았다. 전화기 건너편에서는 말을 잇지 못하며 그냥 꺼이꺼이 울며불며 한마디 소리만 거듭 들렸다.

"왜! 왜!"

아내의 얼굴도 퉁퉁 부어있는 것으로 보아 길고도 힘든 통화인 것 같았다.

아이가 눈을 감으며 남긴 말을 전해 들었다.

"고마워, 엄마가 내 엄마여서 고마워. 수고했어, 엄마!"

그 아이의 얼굴과 성품을 익히 잘 알고 있어서 가슴이 말할 수 없이 아파왔다. 그냥 무릎 꿇고 앉아 기도할 수밖에 없었다.

"하나님, 왜 그 아이를…. 하나님, 왜 그 사모님의 마지막 소망을…." 그러나 어찌 우리가 하나님의 뜻을 알 수 있겠는가?

중보하는 내내 사모님을 향한 하나님의 크신 사랑이 이상하리만큼 나를 잠잠케 했다. 하나님은 그 사모님을 정죄한 것도 시험한 것도 아니었다. 하나님이 무한한 사랑으로 사모님을 덮으시고 인도하실 것이라는 믿음과 확신이 들었고 감사로 기도를 마무리했다.

우리는 너무나 작고 생각이 짧은 존재다. 어떤 뜻과 계획이 우리를 키우고 입힐지 전혀 알지 못한다. 그렇기에 우리의 소망이 빼앗길까 노심초사(勞心焦思)하고 우리가 마지막이라고 부르는 희망에 연연한다. 때문에 그것이 없어지면 다 끝날 것이라 단정 짓고 극단적인 절망에 빠지기도 한다.

하지만 우리가 아는 분명한 한 가지가 있다. 하나님은 우리를 천하보다 아끼고 사랑하신다는 것 외에는 그 어떤 것도 정확한 것은 우리 삶에 없다. 따라서 많은 불확실한 것들에 소망과 희망을 덧입히지 않아도 된다. 정확한 단 한 가지 진리에 나의 삶과 소망과 희망의 이름을 적어야 한다. 나는 그분의 것이고 그분만이 나의 진리이며 소망이시다.

업데이트

 요즘은 내비게이션이 보편화되어 전처럼 운전하다가 행인을 붙잡고 길을 묻지 않고도 처음 가 보는 곳을 별 무리 없이 찾을 수 있게 되었다.
 우리의 영적 생활 안에도 내비게이션은 존재한다. 바로 우리 가운데 역사하시는 하나님을 향한 우리의 사명이 그것이다. 우리는 창조주이신 하나님에게서 각자의 사명과 역할을 받고 이 땅을 살아가고 있다. 하나님은 우리에게 각자의 이름을 주셨다.
 하지만 우리도 이 땅을 살아가며 가끔 방향을 잃고 헤맨다. 불신이란 곳에 머물기도 하고 낙망이란 곳에 빠지기도 하며 상처라는 어둠의 도시에 갇히기도 한다. 그때마다 매번 넘어지고 생채기만 가득 남기고 울고 불며 어찌할 바를 모른다. 그럴 때 필요한 것이 우리 안에 있는 내비게이션이다.
 우리는 각자에게 부여된 사명에 집중해야 한다. 주위의 상황과 상관없이 오로지 내비게이션에만 집중해야 한다. 그러면 지금 내 앞에 펼쳐진 상황과 어려움이 나의 궁극적인 사명과 목적에 부합하는지를 알게 된다.

예를 들어 치유자의 사명을 받은 이가 인간관계의 배신이란 상황을 겪고 방황한다. 이때 내비게이션이 작동하여 지금의 이 고난이 앞으로 사명을 감당할 때 큰 도움과 밑거름이 될 것을 깨닫게 된다. 그 깨달음에 감사하고 믿음으로 나아가면 어느새 잃었던 길을 찾게 되고 알지 못했던 길 또한 보게 된다.

어떤 이들은 이렇게 묻는다.

"굳이 힘들고 어렵게 따져가며 믿음생활을 해야 합니까?"

믿음은 어찌 보면 참 단순한 공식이다. 하지만 이 단순한 공식을 내 삶에 적용하지 않고 그저 눈을 감고 믿는다고 말만 하는 것은 풍요로운 영적 생활을 차단하는 것이다. 진리를 아는 것과 그 진리 안에서 자유함은 엄연히 다르다. 맹목적인 신앙은 기적을 만들지 못한다. 거듭남이 없는 믿음은 인간적인 감동조차 이루지 못한다.

우리는 날마다 새롭게 되기 위해 노력해야 한다. 나의 약한 본성이 내 삶을 흔들지 않도록, 나의 약함이 순종을 방해하지 않도록 말이다.

매일 우리에게 크고 작은 문제로 다가오는 많은 장애물과 갈등 가운데 우리는 어떤 잣대로 나의 것과 주의 것을 구분하고 있는가? 스스로에게 이런 질문을 해 보라.

내 안의 내비게이션은 지금 업데이트가 잘 되어 있는가? 아니면 지금은 사라진 도로가 그대로 표시되어 있고, 새로 생긴 도로는 표시되지 않은 오래전 내비게이션인가?

금메달

　소치 올림픽에서 이상화 선수가 500미터 스피드 스케이팅에서 1위를 하는 것을 보았다. 그들의 보이지 않는 땀과 수고가 느껴져 가슴 한 곳이 묵직해졌다. 그들은 자신이 세운 목표 때문에 질병이나 신체 부상의 치료까지도 올림픽을 위하여 미루었다고 한다.
　무언가 하나를 이루기 위해서 많은 것을 내려놓고, 자신의 분야에서 최고의 입지를 세우는 그 열정과 끝없는 노력에 아낌없는 박수를 보낸다. 눈에 보이는 금메달이 아닌 그들의 노력이 빛을 보는 것이 참으로 아름답고 대견하다.
　다른 한편으로는 결과로만 평가되는 그들의 노력이 때로는 가슴 아프게 느껴지기도 한다. 왜냐하면 금, 은, 동에 오르지 못한 이들의 살아감의 무게가 쓸쓸한 뒷모습에 더해져 내내 가슴에 남기 때문이다.
　우리는 1등을 좋아한다. 너무나 세속적인 것 같고 욕심쟁이 같아 보여 아니라고 말은 하지만 내심 1등을 좋아한다. 아이들에게 최선이 좋은 것이다 말하지만 기왕이면 1등을 하기 원하는 것이 인지상정 부모의 마음인 것이다.

하지만 1등을 이렇게 좋아하는 우리가 굳이 1등을 욕심내지 않는 것이 있다. 바로 영적 생활이다. 하나님이 우리를 지으시고 이 땅에 보내실 때 우리 모두에게 각자 어울리는 달란트와 사명을 주셨다. 그러나 안타깝게도 우리는 하나님의 지으신 목적을 이루기보다 세상 순위에 더욱 더 열심을 내고 열정을 다해 쫓아가려 한다.

지식을 얻는 것이 세상의 모든 순위 중에 최고인 것처럼 아이들을 다그치지만 정작 성경 한 장 읽는 것이 얼마나 삶의 큰 도움이고 진리인 것은 알려주거나 중요하다 일깨워주지 않는 부모가 얼마나 많은가?

남들과의 경쟁에서 1등으로 살아남기 위해 많은 시간과 정성을 다하여 인간관계를 넓히고 유지하지만 예배와 지체와의 만남을 통해 말씀하시는 하나님을 애써 지워버린 순간은 또 얼마나 많은가?

우리는 자꾸 잊고 접고 살아가고 있는 것은 아닌지 모른다. 우리 인생의 금, 은, 동을 세어 보라. 그리고 어떤 것이 내 삶의 목표인지, 그 순위 안에 선한 것, 내 중심의 것, 하나님이 몇 번째인지 찬찬히 살펴보자.

봄 봄 봄

　졸업을 하고, 입학을 준비하며 여러 가지 의미들로 각각의 색을 입은 계절을 맞이할 때면, 언제나 그렇듯이 '꽃샘추위'라는 단어가 여기저기서 들린다.

　마음 급한 이들은 두터운 겨울옷을 어서 정리하고 묵은 계절을 보내고 싶어 한다. 그런데 뭐가 그리 미련이 남고 정리할 것이 더 남았는지 겨울은 쉬이 그 자리를 내주고 싶지 않은 것 같다. 하지만 꽃샘추위를 또 견디며 이제 앙상한 가지에 새 움이 트고 여린 생명들이 올망졸망 힘을 낼 것이다.

　지금껏 맞이한 모든 봄들이 설레고 다채로운 빛깔처럼 많은 꿈들로 채워졌었지만, 새롭게 맞는 봄은 더 많은 이야기와 설렘으로 기다려진다. 이제 그만 쉬라는 주위의 염려와 걱정도 내 귀에 살랑거리는 봄바람처럼 느껴진다.

　하나님의 장막을 짓는다는 것은 내가 지금껏 경험해 보고 이루기 위해 노력했던 많은 일들 중에서도 가장 으뜸 되는 것이다. 잠자는 것도 잊은 채 머리와 가슴으로 꿈을 꾸고, 이곳저곳을 꾸미고 채워가는 즐거운 상상은 언제나 내 가슴을 마구 뛰게 만든다.

물론 걱정도 있다. 그러나 따스한 봄기운에 그 걱정 또한 아지랑이마냥 없어질 것이라 믿는다.

겨울이 지나면 봄이 온다. 새롭게 시작할 수 있는 계절이 봄이다. 농부는 씨앗을 뿌리고 많은 이들은 한 해를 새롭게 다짐하며 출발선에 선다.

봄, 봄, 봄.

봄은 입으로 부르기만 해도 생명이 느껴지고 저절로 흥얼거리는 콧노래가 나오는 계절이다. 너울너울 나비처럼 어깨가 들썩이고 터덜터덜 걸어도 다리에 흥이 가는 계절을 가슴 떨리며 기다리는 것은 나만이 아닐 것이다.

새로 맞이할 이 봄에 하나님의 장막이 새로워지고, 우리의 정성과 아름다운 마음들로 곳곳이 꾸며질 것이다. 그래서 아직도 혹독한 겨울바람 속에 헐벗고 우는 이들이 함께 힘을 얻고 생기를 얻어 세상 가운데 하나님의 이름을 전할 수 있기를 꿈꾼다.

목숨

모녀 일가족이 처참하게 살해되어 안타까운 죽음을 맞이한 사건을 기사로 접했다. 그 기사를 보며 '목숨'을 생각했다. 사전의 풀이처럼, 목숨은 '사람이나 동물이 숨을 쉬며 살아 있는 힘'을 말한다. 그 살아 있는 힘이 사라질 때 목숨이 사라지는 것이다.

아침에 눈을 뜨고 숨 쉬는 것을 너무나 당연하게 생각했던 것은 아닐까. 내가 또 다른 하루를 맞이할 수 있는 것은 목숨이 있기 때문이다. 내게 아직도 해야 할 일이 주어져 있기에 허락된 힘, 그것이 바로 내가 이 땅에 머무는 이유다.

우리에게는 각자의 분량만큼 목숨이 허락되어 있을 것이다. 그리고 그 힘은 한정되어 있다. 무한한 생명이 허락되어 있는 사람은 단 한 명도 없다. 유한한 힘을 가지고 시간 속에 살아가는 우리가 하루하루를 목적 없이 사명 없이 흘려보내는 것은 너무나 끔찍한 일이다. 그리고 그런 사람을 보는 것 또한 안타까운 일이다.

우리는 목적이 있다. 그 목적이 하나님께 맞추어져 있는 사람이다. 그러면 우리의 한정적인 삶의 시간을 어떻게 보내야 할까? 사라질 목숨을 위해 아등바등 살아가는 것이 옳을까?

우리 목숨의 모래시계는 이미 돌려졌다. 남은 모래가 얼마 남아 있을지는 아무도 알 수 없다. 나의 삶을 유지하는 힘, 그 힘이 남아 있는 동안 내가 무엇을 하고 무엇을 이루어낼지 진지하게 묵상해 보면 좋겠다. 습관적으로 살아가는 것과 내 삶의 목적을 위해 살아가는 것은 엄연히 다르다.

성장통

    우리가 한 공동체가 되어 나아가는 곳에 아름다운 은혜와 감사의 찬양만 넘친다면 얼마나 좋을까? 하지만 안타깝게도 사람이 모이는 곳에는 갈등과 분쟁이 자연스럽게 생긴다. 물론 교회라는 공동체도 예외가 아니다. 이것은 어쩌면 당연하다. 그 어떤 모임과 공동체도 항상 불완전한 존재끼리의 마찰음은 있다. 그러나 이러한 당연한 이치를 어떤 이들은 교회라는 이름으로 덮어 완벽을 꿈꾸고 있는 것 같다.

    공동체에서 생기는 마찰음을 당연한 것으로 받아들인다면 우리는 자연스레 그에 따른 해결방안을 놓고 말씀묵상과 기도, 그리고 결단하며 그 감정들을 없애기 위해 노력한다. 하지만 교회라는 이름 아래 "어떻게 저런 사람이 있을 수 있지? 세상 사람과 다른 게 뭐야?"라는 질문과 혼란으로 감정과 갈등 자체에만 집중하는 사람들을 보게 된다.

    당연하게 생기는 갈등이니 그냥 지나치라는 것이 아니다. 당연하게 생기는 마찰이니 그냥 덮으라는 것도 아니다. 그 마찰음이 생기는 것에 대해 힘들어 하지 말고 이를 통해 내게 말씀하고자 하시는 하나님의 음성에 귀 기울이라는 것이다. 이 세상 그 어디에 완벽함이 있을 수 있는가? 그저 불완전한 존재들의 만남이고 서로 끝없이 발전하고 성장해 가야 하는 존재들이기에 서로가 부딪히며 성장통을 겪는 것이다.

"누구 때문에 내가 힘들다."

"누구 때문에 내가 믿음생활을 할 수 없다."

이런 말을 하는 대신, 당신 때문에 십자가에 못 박히신 구주만 기억하라. 당신 때문에 피 흘리신 내 주님의 그 사랑만 새기라. 그 외에 그 어떤 것도 완벽이란 있을 수 없다. 사람과 사람 사이에 일어나는 그 어떤 일도 완벽이란 단어를 쓸 수는 없다. 완벽함을 공동체에서 꿈꾸지 마라. 사람과의 관계에서 나의 이해와 시선에 맞는 일들만 생기길 소망하지 말라.

거듭 말하지만, 우리는 갈등을 통해 성장하고 고난을 통해 성숙해 간다. 그 원인 자체에만 매달려 아까운 성장통을 늦추지 말라. 내게 달갑지 않은 관계의 마찰이 생겼는가? 묵상하라. 무릎을 꿇고 나 때문에 피 흘리신 구주의 사랑을 조용히 떠올려 보라. 그리고 내 안에 일어난 어지러운 바람이 멈추고 사납게 울어대는 성난 파도가 가라앉을 때까지 잠잠히 스스로 물어야 한다.

'이 모든 갈등을 내게 허락하신 그 뜻은 무엇일까?'

하나님은 우리를 그저 다치게 하고 아프게 하시기 위해 천하보다 귀한 당신에게 생채기를 내시는 분이 절대 아니다. 하나님은 항상 당신이 성장하기를 원하신다. 그 갈등과 어려움을 뚫고 찬란하게 정금같이 나아오길 원하신다.

인면수심 人面獸心

요즘처럼 뉴스나 언론을 대하는 것이 마음 불편하고 무서웠던 적이 있을까 싶다. 어린아이들이 잔혹하게 부모에게 죽임을 당하고 처참하게 버려지는 사례들을 더는 그저 일부의 이야기려니 하며 지나칠 수 없을 정도다. 어린아이를 차디찬 욕실에 버려두고 그 여리디여린 살갗에 락스를 부어버리는 잔혹함은 도대체 어디에서 나오는 걸까? 그 목숨을 앗아간 현장에서도 어찌 그리 담담할 수 있는지 정말 모르겠다. 보는 내내 먹먹하고 표현할 수 없는 분노에 더운 숨을 몰아쉰다.

얼굴은 사람이나 마음은 짐승을 닮은 그들을 우리는 어떤 식으로 중보하고 품어야 할지, 과연 품을 수 있기는 한 건지 고민했다. 우리가 감히 그들을 변화시킬 수 있다고 생각하는 것 자체가 말도 안 된다.

하지만 우리가 우리 안에 숨어 있는 비양심적이고 비그리스도인과 같은 타협점을 과감히 버리고 현실에서 행동할 수 있다면,

인면수심(人面獸心)의 그들을 볼 때 이토록 참담한 심정은 아닐 것이다.

작은 파장이 큰 물결을 이루는 것을 믿는다. 작은 믿음 하나가 세상을 변화시키는 것을 믿는다. 심리치료와 행동치료 등 세상적인 방법들로 그들의 변화를 도울 수는 있지만, 우리가 결코 이해할 수 없는 그들의 중심은 오직 그리스도만이 치료하실 수 있다.

우리가 비록 반딧불 같이 약하고 작은 믿음들이지만, 하나가 둘이 되고, 둘이 셋이 되며, 더 늘어나 백, 천, 만이 되어 어둠 속에서 그리스도인의 빛을 잃지 않으면 이 세상의 소중한 생명들을 능히 지킬 수 있을 것이다.

누구에게나 숨어 있을지 모르는 인면수심의 모습을 다른 이가 아닌 각자의 삶에서 찾아내 하나님의 말씀으로 이겨내는 작은 승리들이 큰 악을 만났을 때 강한 무기가 될 수 있다.

외로움과 두려움 속에 세상의 마지막을 만났을 여린 아이들이 자꾸 내 가슴을 무겁게 한다. 배부름보다 배고픔을 절실하게 느꼈을 아이들과, 사랑과 보살핌보다 두려움과 방관이 더 익숙했을 아이들이 다시는 이 땅에 생기지 않기를 간절히 기도하고 또 기도한다.

세상을 바꾸는 힘은 멀리 있지 않다. 우리 그리스도인들이 그리스도인다운 삶으로 살아가는 그것이 이 세상을 바꾸는 힘이다.

먼지 바람

　예배 인도를 마치고 온몸에 땀이 줄줄 흐를 정도로 지친 상태였다. 하지만 숨이 넘어갈 듯 급하고 간곡한 상담 요청에 무슨 큰일이 있는지 걱정이 되었다. 그런데 상담시간 30분 내내 들은 말은 온통 다른 사람들 이야기뿐이었다.
　누가 이랬는데 내가 상처 받았고, 누가 그래서 내가 힘들었고, 누가 어떻게 행동을 하는데 왜 그래야 하는지 등의 이야기를 들으며 이제는 머리까지 지끈거렸다. 그런데 가만히 듣고 있으니 옆에 같이 온 사람에게 더 문제가 있어 보였다.
　줄곧 말하던 사람이 잠시 생각하는 듯하면 얼른 옆에서 상대의 말이 끊이지 않도록 거들고 있었다.
　"그 사람이 그때 그런 말도 했잖아요."
　"두 분이 어떤 관계이십니까?"
　이렇게 물으니, 신앙생활에서 힘들고 어려울 때 서로 기도하고 도와주는 고마운 분이라고 했다. 한참을 이야기하고 이제 자신과 그 주변 사람들에 대한 사연을 다 풀어 놓았는지 내 얼굴만 바라보고 있었다. 그래서 두 분에게 이런 말을 해 주었다.

"바짝 마른 흙길을 걸어가는 분에게 옆에 분은 자꾸 먼지를 더 일으키고, 그 먼지가 잠잠해지려 하면 또 다시 문제를 끌고 와 더 큰 먼지 바람을 일으키고 있으시네요."

처음에는 이 말의 뜻을 못 알아들었는지 가만히 있다가 같이 온 분의 얼굴이 점점 붉어졌다. 분명 어떤 위로의 말이나 다른 이들이 다 틀리고 당신이 옳소 하는 말을 듣고 싶었는지 모르겠다. 하지만 내 눈과 마음에는 매캐한 먼지만 강하게 끼었다.

집으로 돌아오는 차 안에서 신앙 가운데 만난 관계라는 전제 하에 많은 사람이 무언가 잘못 알고 있는 것은 아닌가 하는 생각이 들었다. 우리가 살아가며 문제를 만나지 않고 불화를 만나지 않으며 상처를 겪지 않을 수 있다면 상관없지만, 우리 삶이 어디 그런가? 매일 관계 속에서 상처 받고 도전을 받는다.

그런데 문제는 미움을 자꾸 옆에서 부추기는 사람이 있다는 것이다. 이것이 신앙과 교회라는 관계 속에서 이루어지면 더욱 이상한 흐름을 타기도 한다. 우리는 분명 공동체다. 그것도 하나님이 친히 묶어주신 공동체다. 그리고 공동체의 기본은 사랑이다. 그 사랑으로 서로의 관계가 성립되고 유지되어야 하는 것이다. 하지만 안타깝게도 우리의 미숙함과 연약함으로 다른 이의 아픔을 더 아프게 하고 상처를 더 곪게 만드는 경우도 생긴다.

미움이라는 먼지가 자욱해 가야 할 길이 선명하게 보이지 않는다면 내게 물 한 바가지 끼얹어 주는 관계를 찾아가기 바란다. 뿌연 먼지를 더 크게 만들고 잠잠해진 마음 밭에 또 다시 먼지 바람을 일으키는 관계에서는 한 발자국 뒤로 물러서야 한다.

분별하라. 미움을 더 큰 미움과 원망으로 키우고 오해를 단절과 성냄으로 연결시키는 사람은 나를 더 힘들게 하고 사람들에게서 더 멀어지게 하는 결과를 낳게 한다. 듣기 좋은 말로, 때로는 작은 선의를 베풀며 나를 위로하더라도 내가 굳이 알지 않아도 될 분란을 알려주고, 내가 굳이 보지 않아도 될 부분까지 보여주며 나를 힘들게 하는 관계가 있는지, 혹은 내가 먼지를 일으키는 사람은 아닌지 아프고 쓰리지만 점검해야 한다.

문제가 생기면 가만히 무릎을 꿇기 바란다. 미움이 올라오거든, 오해가 생기거든 가만히 입을 닫고 크게 숨을 내쉬며 이렇게 묻고 또 물어보라. "주님이라면, 우리 주님이라면, 어찌하셨을까?" 그래서 내 심령의 길이 먼지로 인해 보이지 않게 되는 일이 없도록 해야 한다.

예수 공인인증서

중국에서 한국 드라마의 인기가 높아지면서 주인공들의 패션이며 소품들을 따라 하기 위해 우리나라 쇼핑몰에서 물건을 구입하려는 열풍이 일어났었다고 한다. 그러나 공인인증서 문제로 실재 매출이 일어나기까지 여러 고충이 있다는 의견들과 앞으로 이런 고충들을 해결하기 위해 공인인증서 사용을 축소한다는 기사도 났었다.

나와 연배가 비슷한 분들에게는 이 내용이 참 낯설기도 하고 공인인증서 제도의 필요성을 크게 느끼지도 못하지만, 작은 것 하나도 인터넷을 통해 구매하는 젊은 층에게는 꽤나 번거롭고 귀찮은 것이었던 것 같다.

공인인증서는 전자 상거래를 할 때 거래자의 신원 확인과 증명을 위해 사용되는 일종의 전자 서명으로 공인 인증기관이 발행한 인증서라고 정의되어 있다. 자신을 증명해 보일 수 있는 인증서처럼 우리 그리스도인들에게도 이런 인증서가 있다. '예수 공인인증서'라 불러도 좋겠다. 이것은 바로 '직분'이다.

어떤 이는 말씀 전하는 자로, 어떤 이는 찬양 드리는 자로, 어떤 이는 섬기는 손길로, 어떤 이는 자신의 재능으로 무언가를 만들고 베푸는 일로 부름을 받고 세움을 입었다. 찬양으로 은혜를 나누고 아름다운 미소로 성도를 맞으며 식당에서 함께 나눌 음식을 준비하는 그 모든 것이 바로 우리의 직분이다.

우리가 가지고 있는 인증서는 세상 어디에서나 강력한 힘을 발휘할 수 있다. 우리가 믿는 하나님은 교회 안에서만, 믿는 관계 안에서만 소통되고 역사하시는 힘이 아니기 때문이다. 세상을 아울러 모든 것을 정리하시고 질서 가운데 우리의 힘이 되시고 우리의 각자 삶 속에 세밀하게 간섭하고 역사하시는 분이다.

우리가 가진 인증서를 당당하게 삶 가운데 적용하고 활용하기 바란다. 우리가 믿는 자로서 당당함과 정체성을 잃지 않는 것이 이 세상을 살아가는 그리스도인의 자세여야 한다.

우리 존재의 연약함으로 기독교 안에 여러 문제가 생기고, 또 그 문제들이 세상에서 정당하지 못해 손가락질 받을 때도 있다. 하지만 작은 것으로 큰 것을 평할 수 없다. 작은 문제 하나로 교회를 욕하고 그리스도인들을 폄하하는 것에 동참해서는 안 된다.

일상을 살아갈 때 그리스도인임을, 그리스도인의 정체성을 당당하게 내보이고 사람들에게 나의 평안과 믿음의 강건함을 보여 주어야 한다.

순종의 깜냥

'각자의 깜냥'이라는 말이 있다. '각자의 능력대로, 각자의 헤아림대로'라는 뜻이다. 우리는 이 시대를 공존하며 살아간다. 그리고 믿음이라는 큰 울타리 안에 교회라는 이름으로 묶인 공동체다. 그 공동체의 운영과 이끎을 바라보면 '깜냥'에 대해 많은 것을 보고 느끼게 된다.

각자의 깜냥을 이해하고 나면 공동체 또는 가정, 부부, 교우 관계에서 발생하는 갈등이나 마찰을 더 쉽게 바라볼 수 있다. 어떤 사람은 한 상황을 만나면 자기의 깜냥에서 허락되는 선까지만 바라본다. 그보다 더 큰 깜냥을 지닌 사람은 같은 상황도 더 멀리, 더 넓게 볼 수 있다. 조금 더 큰 깜냥을 지닌 이가 앞장서고 조금 더 작은 깜냥을 지닌 이가 그 뒤를 믿고 따라주는 것이 우리가 꿈꾸는 아름다운 공동체의 모습이다.

여기에는 전제되어야 할 것이 있는데 그것은 좀 더 큰 깜냥을 지녔다 하여 조금 덜 지닌 자를 무시하거나 등한시하지 않는 것이다. 또 자기보다 좀 더 큰 깜냥을 지닌 자를 시기하거나 질투하지 않고 서로 믿음 안에서 사랑하는 것이다.

그러나 이것이 간단해 보여도 실은 무척이나 힘든 일인 것 같다. 많은 이들이 서로의 깜냥 차이로 다투고 등을 돌리며 원망을 한다. 부부간에도 "왜 당신이…." "그리 잘났으면 당신이…." "어떻게 그 정도 일도 잘 처리 못해."라고 말하며 서로를 공격한다. 왜 그런가?

서로 간의 소통과 관계에서 필요한 깜냥은 지식과 지혜의 깜냥이 아닌 '믿음의 깜냥'과 '인격의 깜냥'이기 때문이다. 믿음의 공동체에서는 서로의 자존심과 지식의 깜냥 대결이 아닌 '순종의 깜냥'이 필요하다.

진정한 믿음의 소유자는 그 크기와 상관없이 상대를 인정하고 존중한다. 낮아짐의 순종을 아는 사람이라면 자신의 깜냥을 보이려 하기보다 상대의 깜냥을 100퍼센트, 120퍼센트 그리고 그 이상 발휘할 수 있도록 이끌어 준다.

나의 깜냥은 과연 어느 정도인지, 그 깜냥이 하나님의 질서와 순리에 얼마만큼 아름다운 열매를 맺고 있는지 진지하게 잘 살펴보아야 한다.

손수짜기 하나님

심방을 다녀보면 솜씨 좋은 주부의 감각이 돋보이는 가구나 소품들을 보게 되는데, 이런 형태를 우리말로 순화하여 '손수짜기'(DIY: do it yourself)라고 한다. 살림살이 외에도 캠핑카까지 직접 만드는 시대라고 하니 이 시장의 규모가 생각보다 훨씬 큰 듯하다. 개인의 기호가 다양해지고 여가 시간을 좀 더 현명하게 보내고자 하는 욕구들이 커지면서 이런 상품들은 더 발달하고 개성의 욕구에 발맞출 듯하다.

그런데 신기하게도 이런 '손수짜기'를 신앙에도 적용하는 이들이 있다. 자기가 믿고 싶은 것만 모으고 힘든 것은 빼버리고, 내가 좋아하는 색을 입히고 내가 꾸미고 싶은 것만 관심을 갖는 신앙관을 가진 사람들이 있다는 것이다. 앞에 나서서 자신의 기량과 면모를 뽐내는 것에만 치중할 뿐, 이를 위해 마땅히 흘려야 할 땀과 헌신은 하지 않는다. 나누고 덜어내야 할 것들은 과감히 잊고 분배받는 것에만 열심을 다한다. 덮고 안아야 할 것들은 열정을 다해 찢어 놓으며 자신의 이성적인 판단과 합리만을 주장한다.

그러나 하나님은 나눌 수 없다. 진리는 부분적인 수용으로 이루어지지 않는다. 어떤 이들은 자신의 경우에만 사랑과 긍휼의 하나님을 구한다. 하지만 다른 이들의 상황에 대해서는 하나님이 따끔한 경고를 내리셔서 저들이 제대로 신앙생활을 하도록 해야 한다는 식의 꼭두각시 하나님을 만들곤 한다.

우리는 하나님을 논하고 하나님의 말씀을 더하거나 뺄 권한이 전혀 없다. 우리는 하나님의 피조물이다. 피조물이 하나님을 내 삶 속에 쪼개고 만들어 간다는 것은 참으로 무서운 일이다.

시대가 변해도 결코 변하지 말아야 할 것이 있다. 개성이 중요하다고 해도, 배움이 높아졌다고 해도 우직하게 지키고 바꾸지 말아야 할 것이 있는데 바로 진리와 우리 하나님이다.

시대와 호흡하는 하나님에 대해 묻는 사람들이 있다. 나는 젊은이들에게 말씀을 전하는 것에 도움이 된다면 노랑머리로 염색도 하겠지만, 결코 주님에게 힙합 옷을 걸치게 하지는 않겠다고 답했다.

우리는 자신에게 주어진 사명을 위해 날마다 노력하고 변하고 발전해야 한다. 뱀처럼 영민하게 주를 알지 못하는 자들을 위해 노력해야 한다. 하지만 진리를 쪼개고 내 마음대로 조합하는 것은 너무나 위험한 짓임을 인지해야 한다.

어깨동무

서울 강남에 지금껏 보지 못했던 추모 행렬이 넘쳐난 적이 있다. 묻지마 살인에 희생된 한 여성을 위한 것이었는데, 우리는 이렇게 특정 대상이 없이 일반인을 향해 무차별적인 분노를 표출하는 것을 흔히 '묻지마 범죄'라고 말한다. 이런 범죄의 특징은 피의자와 피해자 사이에 아무런 관계가 없다는 것이다. 이런 사건 사고는 전해 듣는 것만으로도 공포스럽고 그 염려로 가슴이 답답해 온다. 만일 그 피해자 가족이라면 얼마나 끔찍하고 참담했을지 감히 상상조차 할 수 없다. 그런데 심히 걱정스럽게도 이런 묻지마 범죄들이 점점 늘어나고 있다는 사실이다.

"묻지마!" 과연 무얼 묻지 말라는 것인가? 그 범죄의 목적을 묻지 말라는 것일까? 아니면 그 범죄 대상에 대해 묻지 말라는 것일까? 어쩌면 범죄를 저지를 수밖에 없었던 그 어두운 배경을 묻지 말라는 것은 아닐까?

참 바쁜 시대다. 어린아이들부터 흰머리 가득한 노인들까지 다들 바쁘게 살아가는 오늘이다. 그렇게 살다 보니 이웃 간에 오가던 간단한 안부 인사조차 생략되는 것 같다.

'묻지마'를 '물어봐'로 바꾸면 어떨까? 우리가 서로에게, 가족이 자신의 가족에게 한 발짝 더 다가가 물어보고 손 내밀어 그 가운데 잠재된 어두운 감정들을 찾아 적극적으로 치료하고 위로할 방법을 모색할 수 있다면, 이런 무서운 소식들이 조금씩 줄어들지 않을까?

우리는 바쁘다는 이유와 나의 일이 더 중요하다는 개인주의적인 사고로 다른 이보다는 나 자신을 돌보고 나 자신의 감정에 집중하며 살아가는지도 모른다. 옳다 그르다의 판단이 아닌 우리의 이웃에 대한 시각이 조금 더 넓어지고 깊어져야 하는 것에 대해 생각해보았으면 좋겠다.

하나님은 우리에게 이렇게 말씀하신다.

> 네 이웃을 네 자신과 같이 사랑하라(마 19:19)

외로울 때, 서늘함을 느낄 때, 누군가의 밝은 인사를 받아본 적이 있는가? 힘들 때, 울 힘조차 없을 때, 누군가의 따스한 위로를 받아본 적이 있는가? 먼 곳에 있는 다른 이들까지는 힘들더라도 내가 관여할 수 있는 관계에 대해 조금 더 깊고 넓은 시각으로 바라보는 시간을 가져보기 바란다.

매일 보는 내 남편, 내 아내, 내 자녀, 내 부모, 내 이웃의 얼굴이 왜 어두운지, 혹 무슨 일이 있는지, 도울 일은 있는지 먼저 손 내밀고 물어보기 바란다. 내가 심어준 그 위로들은 언젠가 내 가슴이 허허로운 벌판이 되어 흙먼지 날릴 때 나에게 다시 날아와 위로와 따스함의 사랑이 되어 나를 채워줄 것이다.

"네 이웃을 네 자신과 같이 사랑하라" 하신 하나님의 명령처럼 우리의 작은 어깨동무가 삭막하다 표현되는 이 시대를 그리스도의 사랑으로 아름답게 채워나갈 것을 믿는다.

K-POP

K-POP에 관한 기사를 본 적이 있다. 우리나라 아이돌 가수들에 열광하는 파란 눈의 사람들 그리고 그 가수들을 통한 문화보급에 관한 기사였다. 생소한 리듬과 가사에 반응하는 외국 사람들이 내게는 참으로 낯선 모습이었지만 그들을 보고 문화의 힘을 생각하며 기독교 문화에 대해서도 생각해보았다.

한국 기독교를 대표할 수 있는 문화는 무엇인가? '불신지옥 예수천당'을 외치는 사람들을 우리는 어떻게 생각하는가? 그리고 일반인들의 반응은 어떤가? 매우 심한 거부반응을 보았을 것이다. 어쩌면 그동안 우리는 일방적인 가르침과 지시의 자리에서 예수를 알리고 전하려고 했던 것은 아닐까?

타협하지 않는 것이 진리임을 강조한 내 생각은 전혀 변함이 없다. 그러나 시대 흐름에 맞는 전달 방식에 관해서는 조금 생각을 달리해 보면 좋겠다. 거듭 강조하지만 우리의 사명은 '전도'이다. 세상과 접목한 방법으로 그들에게 접근하자는 것이 아니다.

다만 K-POP을 계기로 우리 언어와 우리 문화에 관해 전반적으로 관심을 갖는 그들을 보며 '우리는 왜 이렇게 하지 못하는 것일까?' 하는 안타까움을 깊이 느끼고 시각을 넓혀 보자는 것이다.

그렇다면 우리가 전할 수 있는 힘은 무엇일까? 우리가 할 수 있는 첫 번째 파급력은 아낌없는 '나눔'이다. 내가 늘 주장하듯이 그리스도인이 지켜야 할 나눔은 '거저 주는' 것이다. 내가 먹고 마시고 누리고 남은 만큼의 나눔이 아니라 나의 것을 아끼고 내 중심의 소중한 것을 나누는 것이 그 힘이다.

어떤 사람들은 나눔이란 것을 자신의 잉여 부분을 나누는 것이라 생각한다. 하지만 우리가 꿈꾸는 그리스도인의 나눔은 나의 온전한 것을 나누고 아낌없이 베푸는 것이다. 우리는 그리스도인의 거룩한 삶을 위하여 매일 노력하고, 매일 나아가며, 매일 내려놓음을 실천하며 살아가야 한다. 이런 우리 모습 속에서 그들은 예수를 발견하고 중심의 진리를 볼 것이며 하나님의 사랑에 관심을 갖게 될 것이다.

K-POP에 열광하는 수많은 이들이 하나님의 사랑에 열광하는 그날을 꿈꾼다. 그리고 열방이 하나님의 사랑 가운데 하나 되어 아름답게 열매 맺기를 기도하며 소망한다.

모험심

나이가 들수록 잃어가는 것 중에 하나가 바로 '모험심'이다. 이 모험심이라는 단어 속에는 '위험을 무릅쓰고 어떠한 일을 하려는 마음'이라는 뜻이 있기 때문이다. 이 단어 속에 숨겨진 '위험'이라는 전제가 우리를 주춤하게 하고 멈추게 한다. 세상을 살아가다 보면 사람이 약아진다. 조금 덜 다치고, 조금 덜 힘들고, 조금 덜 위험한 것을 자연스레 선택하게 되고 그런 길을 걷고자 하는 것이다.

이런 약아짐은 믿음생활에서도 그대로 드러난다. 익숙한 것만 하길 원하고, 내가 할 수 있는 것보다는 조금 덜하고 내 마음의 부담이 조금 사라질 정도의 선을 지킨다. 상처를 주는 것도 받는 것도 두려워하여 안전한 길로만 다니기를 원한다.

성향의 차이를 이야기하는 것이 아니다. 나이가 많고 적음의 문제도 아니다. 다만 내향적이든 외향적이든 새로움을 향한 설렘을 스스로 조금씩 잃어가는 것에 익숙해져 답답한 마음일 때, 그리고 현실을 살아가며 한계를 느낄 때 같이 생각해보았으면 한다.

우리가 알고 있는 우리의 약함을 먼저 생각해보자. 어떤 이는 낮은 자존감이 문제일 수 있고, 어떤 이는 끝없는 불신일 수도 있으며, 어떤 이는 주체할 수 없는 자애심일 수도 있다. 사람은 각자 생긴 모습만큼이나 다양한 약함을 가지고 살아간다. 그리고 각자의 약함은 그 약함을 다루는 사람에 따라 강함으로 바뀌기도 하고 안타깝게도 절망이란 이름으로 바뀌기도 한다.

누군가를 향해 살아가는 태도에 '모험심'이라는 도전을 해 보자는 것은 아니다. 하지만 나이가 들어 환경에 익숙해지고 자꾸만 안정적이라는 단어 속에 숨는 나 자신을 '모험심'이라는 단어 속으로 초대하자는 것이다.

그럼 우리가 실천해 볼 수 있는 모험심에는 어떤 것이 있겠는가? 예를 들어, 소극적이라는 단어에 갇혀 있어 답답하다면 용기라는 터널을 지나 적극적인 것을 취해 보면 좋겠다. 반대로 너무 적극적이어서 부담스럽다는 평을 듣는다면 절제라는 터널을 지나 소극적인 겸손으로 다른 이를 향한 배려를 배우는 것이 좋을 것이다. 내 안의 약함을 이겨보는 것, 넘어져도 다시 일어나 약함을 강함으로 굳건히 채워가는 것이 우리가 배우고 익혀가야 할 모험심일 것이다.

늘 지름길로만 다니다 가끔 전혀 뜻하지 않은 길을 만나게 될 때면 지름길에서는 알지 못했던 풍경을 보기도 하고 그 속에서 일상의 새로운 해석을 경험하기도 한다.
   매일 매 순간은 정말 힘들겠지만 살아간다는 것에 헉헉함을 느낄 때 내 안의 나를 위하여 모험을 떠나면 좋겠다. 우리 길에는 언제나 동행하시고 따스한 손길로 잡아주시는 예수님이 계시기 때문이다.

꿈만 꾸는 사람

외부 집회 중에 한 분이 간곡히 상담을 요청했다. 너무나 간절하여 어쩔 수 없이 다음 일정을 조금 미루고 그분의 이야기를 들었다. 그런데 아무리 귀 기울여도 그분의 이야기에 집중할 수가 없었다. 사업이 어렵다는 건지 잘 되고 있다는 건지, 자산이 몇 백억 원이라는 건지 빚이 몇 억 원이라는 건지 도무지 알아들을 수가 없을 정도였다. 한참을 들어보니 대충 이런 정도의 이야기였던 것 같다.

"제가 빚이 15억 원입니다. 만약 하나님이 저한테 100억 원만 주시면 제가 신학교를 짓겠습니다. 내일 당장 2억 원이 필요합니다. 제가 신학교를 짓고 나서는 목회자들을 위한 선교센터도 짓겠습니다."

현실과 꿈을 하도 정신없이 이야기하는 통에 듣는 사람조차 마구 헷갈리게 했다. 그래서 이렇게 물었다.

"그럼 내일 있어야 하는 2억 원은 어디서 납니까?"

"그게 문제입니다. 2억 원만 있으면 되거든요."

"그럼 100억 원이 생길 만한 계획은 있으십니까?"

"하나님이 채우시겠죠. 제가 다 하나님 일을 위해서 사업을 하고 있으니까요."

참 안타까웠다. 그리고 가슴이 아파왔다. 그분의 눈빛이 너무나 간절했기에 더 아프게 다가왔다. 그렇지만 전하는 이의 사명으로 해야 할 말을 전했다.

"성도님, 하나님은 허황된 꿈에 역사하시는 분이 아닙니다. 하나님은 오늘을 성실하게 살며 주어진 것에 최선을 다하는 자들에게 역사하시는 분입니다. 받을 만한 그릇이란 무조건 크고 넓다고 좋은 것이 아닙니다. 작더라도 믿음으로 튼튼하고 성실함으로 빛을 내는 그릇이 하나님의 복을 받을 만한 그릇입니다."

하지만 그분은 아랑곳없이 자신은 꼭 하나님의 사명을 이루어 낼 것이라는 말만 되풀이하곤 축복 기도를 해 주기만 원했다. 그분의 두서없는 말과 황급히 돌아서는 뒷모습을 바라보며 씁쓸하고 안타까움이 쉬이 가시지 않았다.

어떤 이들은 감나무 아래에서 입을 벌리고 하나님의 은혜로 자신의 입 속에 감이 쏘옥 떨어지길 바란다. 그것도 제일 탐스럽고 맛있는 감이 떨어지길 믿고 바라는 것이다.

물론 하나님이 주시는 복과 역사하심은 우리의 상상과 예측을 뛰어넘어 응답된다. 하지만 노력하지 않고 공들이지 않은 것을 탐

하는 것과 성실하게 노력하며 소망하는 것과는 차이가 크다.

우리는 하나님이 주신 열정과 능력과 지혜로 우리가 할 수 있는 만큼 최선의 노력을 해야 한다. 그런 후에 하나님의 도우심을 구해야 한다.

아무것도 하지 않고 심지도 않은 것을 하나님이 나 대신 수고하여 내게 몰아와 내 배를 채워주기 바라는 헛된 꿈은 지켜보는 이를 너무나 안타깝게 한다.

우리는 오늘의 내 자리에 최선을 다해야 한다. 하나님이 허락하신 우리의 힘으로 땀을 흘리고 수고를 다하며 진정으로 최선을 다해야 한다. 그러면 그 과정 속에서 하나님이 베푸시는 소소한 삶의 보람과 관계 속에서 펼쳐지는 지체와의 아름다운 교제를 통해 우리는 더욱 성장하고 큰 그릇으로 거듭날 것이다.

껍데기 신앙인

열아홉 살의 남자아이가 열일곱 살의 여자아이의 목숨을 빼앗고 태연히 자신의 SNS에 남긴 글이 있다. 추리 소설이나 공포 영화에나 나올 법한 문장이었다.

"내겐 인간에게 느낄 수 있는 감정이 이제 메말라 버렸다. 오늘 난 죄책감이란 감정을 느끼지 못했고, 슬픔이란 감정 또한 느끼지 못했고, 분노도 느끼지 못했고 아주 짧은 미소만이 날 반겼다. 오늘 피 냄새에 묻혀 잠들어야겠다."

관련 기사를 한참이나 읽고 또 읽으며 쉬이 가시지 않는 뻐근한 아픔을 느꼈다. 경찰에 자수한 후에도 전혀 자책감이 없는 태도에 많은 이의 공분을 사고 있는 열아홉 살의 그 아이를 위해 기도했다. 또한 이름 모를 작은 소녀를 위해서도 기도했다.

우리는 어느 때부터인가 감정이 메마른 채 살아간다. 사랑받지 못하고 이해받지 못한 것에 대한 분노와 서운함 속에서 많은 감정의 충돌을 일으키며 살아가고 있다. 우리는 왜 이렇게 감정과 양심이 말라버린 사막 속에서 아무렇지 않게 살아가고 있는 것인가? 우리는 사막에서 살 수 없다. 물이 없기 때문이다. 그런데 물이 없어도 살 수 있는 이상한 존재가 되어 버렸다.

더욱이 우리는 그리스도인이다. 그리스도인은 하나님의 사랑 없이는 한 시도 살 수 없고 존재할 수 없는 사람이어야 한다. 그런데 우리는 적당히 눈을 감을 수도 있고 적당히 죄를 짓고도 두려워하지 않을 정도로 대담해져 가고 있는지도 모른다.

사랑받지 못함에 분노하며 사랑하지 못함을 아파하지 않는 그리스도인, 이해받지 못함에 성내며 이해하지 못함을 안타까워하지 않는 그리스도인은 아닌지 돌아볼 일이다. 만약 하나님의 사랑이 우리 안에 메말라 버리면 우리는 존재하지 않는 이상한 껍데기만 남은 신앙인이 될 것이다.

어느 때부터인가 좀비들이 나오는 영화가 다시 인기라는 기사를 읽은 적이 있다. 영화가 아닌 우리의 현실에서도 하나님의 사랑이 다 말라버린 신앙의 좀비들이 가득 차 있다는 씁쓸한 생각을 했다.

이번 사건을 통해 이름 모를 작은 소년이 자신을 진정 사랑하고, 하나님의 사랑으로 메마른 가슴이 차오르고, 그 손에 희생된 작은 소녀와 그 가정에 하나님의 위로하심이 함께하길 기도했다.

양면성

　한 아이가 있었다. 어린 시절부터 목사가 되고 싶어 설교하는 흉내를 내기도 했다. 찬양에도 재능이 있어 수도원 합창단 단원으로 활동했으며 음악성이 뛰어나 오페라를 외워 흥얼거렸다. 아름답고 여린 마음을 지녀 굶는 쥐에게 자신의 빵을 기꺼이 나눠주기도 했다. 자신의 어머니를 위해 뛰어난 시를 써 어머니에 대한 사랑을 표현했고 어려운 이들의 따스한 손길을 통해 전해 받은 달걀 두 개에 눈물을 흘리며 감사를 표하기도 했다.

　이 이야기로 짐작컨대, 이 청년이 참으로 반듯한 사람으로 자랐을 것이라 기대할 수 있다. 그러나 이 청년의 이름은 제2차 세계대전의 주범인 '아돌프 히틀러'다. 그가 목사를 꿈꿨다거나 화가를 꿈꿨다거나 하는 이야기들이 있지만 한때 아름답고 훌륭한 청년이었다는 사실에 이의를 제기하는 사람은 없다고 한다.

　아돌프 히틀러는 독일의 부흥을 꿈꿨다. 그러나 뛰어난 재능들이 그의 욕심과 어두운 시선에 부합되면서 그는 끝내 엄청난 대학살의 주범이 되었고 결국 어두운 지하에서 자살을 하게 되었다.

양면성은 누구에게나 존재한다. 선과 악, 아름다움과 추함, 공평과 불공평. 이곳이 천국이 아닌 이상 '악'이란 존재는 항상 우리와 공존하기 때문이다. 또한 하나님은 우리에게 분명 선함을 심어 주셨다. 그 선함을 통해 이 세상의 악을 이기고 하나님의 사랑과 지혜로 나아가게 하셨다.

우리가 변화를 받은 존재라고 우리 안에 악이 없을 것이라는 단순한 논리는 매우 위험하다. 오히려 내 안에 존재하는 양면성을 인정하고 항시 그 양면성을 주시하는 것이 우리가 넘어지는 것을 예방하는 더 좋은 방법이다. 우리가 하나님의 질서 안에 머물 때 우리는 악을 이길 수 있다.

그러나 언제든 넘어질 수 있는 나약한 존재가 우리다. 하나님을 찬양하기 위해 지음 받은 '목소리'로 다른 이를 비방하고 상처 내는 도구로 쓰지는 않는지, 하나님의 사랑을 전하기 위해 지음 받은 '손'으로 다른 이를 상하게 하고 배신하는 도구로 쓰지는 않는지, 하나님의 진리를 알리기 위해 지음 받은 '발'로 세상을 탐하고 즐기는 도구로 쓰고 있는 것은 아닌지 나에게 허락된 모든 것을 돌아보아야 한다.

내가 가지고 있는 재능과 따스한 마음, 사랑 등, 그 모든 것들이 하나님을 떠나면 우리 안에 존재하는 양면성을 통해 이 세상에서 악의 도구로 쓰임 받는 자신을 발견할지 모르기 때문이다.

조화 調和

우리는 주의 일이든 세상일이든 언제나 조화롭게 해결할 수 있는 방법을 고민한다. 그러는 과정에 어떤 이는 너무나 많이 나서서 일을 망치고, 어떤 이는 자신의 개인적인 안위와 일정을 핑계로 너무 소극적인 태도를 취해 일을 망치기도 한다. 그럴 때 우리에게 필요한 것이 '조화'다.

이 세상 그 누구도 궂은일, 더럽고 힘든 일을 좋아하지 않는다. 다만 다른 이를 위해서 자신이 더 많은 일을 선행하고 큰일을 위하여 나의 일상을 일부러 접는 것이다. 그런데 살다 보면 알아서 더 많은 일을 하는 이들을 배려하기보다 으레 일하는 사람으로 취급하는 것을 보게 된다. 그래서 서로에 대한 오해도 계속 생기고 그러다가 서운함이 쌓이면 자연스레 불협화음이 나는 것이다.

이 조화는 한쪽만 잘한다고 되는 것이 아니다. 양쪽 모두 서로를 배려하고 존중하는 마음이 전제되어야 가능한 것이다. 매일 깨어 기도하고 매 순간마다 기뻐하는 존재가 바로 그리스도인이다.

그리스도인은 그 어느 곳에 있어도 누군가에게 주의 선한 영향력을 미칠 수 있어야 한다. 그러기 위해서는 상대를 존중하는 겸손한 마음이 우선이다.

조화롭지 않은 공동체에 그리스도인이 들어가면 균형이 맞추어져 조화롭게 되어야 한다. 불평과 불만이 가득한 곳에 그리스도인의 발걸음이 허락되면 찬양과 감사만이 전해져야 한다.

우리는 그리스도인의 옷을 입고 많은 곳에 속해 있다. 가정, 일터, 믿음의 공동체가 그곳이다. 내가 속해 있는 공동체들을 가만히 떠올려 보라. 조화롭지 못한 곳이 있는가? 만약 있다면, 나와 그리스도인의 역할에 관해 생각해보아야 한다. 너무 많아서 넘치는 이가 있다면 나의 사랑으로 담아주기 위해 노력했는지, 너무 부족해 인색한 이가 있다면 나의 사랑으로 채워주기 위해 기도했는지 고민해야 한다.

쉽게 하나님을 믿고 더 쉽게 그리스도인의 이름을 쓸 수 있다고 생각해서는 절대 안 된다. 구원은 값없이 받았으나, 그 은혜를 나누고 심고 행하는 것은 오로지 우리의 몫이자 의무이다.

무감각

 뉴스를 보는 것 자체가 요즘처럼 두렵게 느껴지는 때가 또 있을까. 입에 담기도 힘든 무서운 사건들, 아이를 양육한다는 것이 큰 두려움으로 다가오는 범죄의 시대다. 생명이 검은 범죄에 의해 안타깝게 사라지고 불의의 시선에 방치되어 한 가정이 무너지는 가슴 아픈 사건들을 바라보며 황폐해진 오늘의 우리를 보았다. 일반인이라면 감히 상상 못할 사건을 저지른 당사자들의 이야기를 들어보면 그들이 자신들의 행위와 결과에 대해 얼마나 무감각하게 대응하는지를 알 수 있다. 범죄학자들 또한 이런 흉악범들의 무감각해진 양심과 죄책감을 큰 문제라 지적하고 있다. 무덤덤하리만큼 느껴지는 그들의 담담한 말투와 진심 없는 사과를 들으며 알 수 없는 답답함에 큰 숨을 몰아쉬게 된다. 이들은 왜 이리도 자신과 상대의 아픔과 상처에 무감각해졌는가?
 이 의문은 그 흉악범들을 위한 감상에서 시작된 것이 절대 아니다. 이런 사건 사고가 거듭되는 이 사회의 반응들 때문이다. 한

아이가 사라졌다. 그것도 상상도 할 수 없는 범죄에 의해 사라졌다. 그런데 어느 기자가 쓴 글을 보고 매우 화가 났다. 그 아이가 새 엄마에 의해 길러졌기에 애정결핍을 겪었고 그 결과로 평소에도 성인들에게 많이 의지했다는 식으로 표현했다. 범죄의 책임이 아이에게도 어느 정도 있음을 비추고 있었다. 만약 이 기사를 읽었다면, 누구나 분노했을 것이다. 아이가 희생당한 사건에 그 아이의 잘못을 지적하는 기사가 말이 된다고 생각하는가? 아이가 떠난 지 하루 만에 쓸 수 있는 기사는 더더욱 아니었던 것이다.

우리는 어느 때부터인가 지금을 사람의 살붙이 냄새와 인정의 베풂이 사라진 삭막한 현대라 말하고 있다. 이 모든 것을 산업화의 결과로 볼 것인가? 문명의 발달을 통한 인간 정서의 결핍이라고 성급히 결론지어야 하는 것인가? 지금이 무서운 때인 것은 이런 흉악한 범죄 때문만은 아니다. 우리가 자신도 모르는 사이 조금씩 서로에게 무감각해지고, 서로가 자신의 유익과 편의를 위한 관계로 인식되는 삭막하고 무감각한 관계성도 문제인 것이다.

내가 아프면 상대도 아프다. 내 아이가 중요하면 다른 아이도 중요하다. 내게 아까운 것은 상대에게도 아까운 것이다.

우리가 그리스도인인가? 그렇다면 우리는 상대의 아픔을 보고 울어야 한다. 아니 더 많이 울어야 한다. 우리는 안타까운 마음으로 우리가 믿고 따르는 나의 주인이신 예수 그리스도를 잿빛으로 물들어 가는 이 땅에 알리고 전해야 한다. 가슴이 메말라 있는가?

그저 뉴스를 통해 소식을 듣고 혀만 끌끌 차고 있는가? 어느새 우리의 사명이 무감각해져 있지는 않은가? 잿빛의 시대에 잿빛이 되어버린 사명은 문제가 있다.

많은 아픔 가운데 외로이 떠난 한 아이에게 하나님의 따스한 위로하심이 함께하기를 간절히 바라고 소망했다. 교회에 나가 점심을 해결했다는 배고픈 그 아이가 온전한 사랑이신 그분의 품에서 환하게 웃을 수 있기를 간절히 바란다.

나만의 경주

경쟁이란 단어는 어린아이든 나이 지긋한 어르신이든 너나 할 것 없이 삶에 도전을 준다. 학생들은 경쟁을 위해 공부하고 자기를 개발하며 성인이 된 후에는 좀 더 나은 삶과 풍족한 여유를 위해 경쟁을 한다.

이런 경쟁이란 단어는 분명 좋은 의미의 성장과 발판의 계기가 된다. 하지만 과열된 경쟁은 서로 간의 시기와 미움과 분쟁의 원인을 제공한다. 그러지 말아야지, 욕심 내지 말아야지 하면서도 자연스레 자신의 위치를 확인하여 다른 이들과 비교하고 나와 다른 이들의 것을 견주며 경쟁하는 마음을 품게 된다.

갓난아이를 키우는 엄마도 다른 집 아이의 몸무게는 몇 킬로그램인지 키는 몇 센티미터인지 궁금해하고, 학생인 아이를 둔 부모는 상대 아이가 어느 대학을 다니는지 또 어떤 분야에 특기를 가졌는지 궁금해한다.

우리는 인생이라는 트랙에 서 있다. 그런데 시작점이 다르고 달리는 조건도 다르고 그 마지막 결승점도 모두 다르다. 그저 열심히 뛰고 성실히 뛰다가 주인이 그만이라 외치면 등수에 상관없이 멈추어야 하는, 어찌 보면 참 우스운 경주다. 이기는 사람도 없고 지는 사람도 없다. 왜냐하면 같이 뛰기는 하지만 그 성적은 오직 주인만 알고 있기 때문이다.

우리 삶의 경주는 이기고 지는 싸움이 아니다. 누가 먼저 가고, 누가 많이 갖고, 누가 특별한 것을 누리는지도 중요하지 않다. 그리스도인의 경주는 속도에 연연하지 않는다. 그저 한 걸음씩이라도 온 맘과 온 정성을 다해 그분의 뜻에 맞게 나아가는 것이 중요하다.

넘어져도 괜찮다. 다른 이가 나를 앞서가도 괜찮다. 면류관이라는 상급을 받는 것은 등수에 상관없이, 뛰어온 거리나 속도에 상관없이 내 주인이 우리의 성실함과 중심의 무게를 보고 주시는 것이니 말이다.

나만의 경주에 집중해야 한다. 다른 이의 경주에 더 관심을 쏟고 마음을 두면 어느새 내 경주는 엉망이 되고 헛된 경쟁심에 일을 다 그르치게 된다. 나만의 트랙에 집중하기 바란다.

하나님이 내게 바라시는 것이 무엇인지, 하나님이 내게 원하시는 것이 무엇인지 깊이 묵상하고 항상 물으며 말씀을 통해 방향을 잡고 신실하게 경주해야 한다.

결정의 기준점

매년 내가 인도하는 집회에 참석하기 위해 멀리 경상도에서 가족들을 데리고 오던 권사님이 있다. 처음 뵈었을 때는 그 집 장녀가 중학생이었으니 지금은 꽤 많은 시간이 흘렀다.

그 중학생이던 소녀가 작년인가 한 건장한 청년을 데리고 나타났다. 결혼을 생각하고 있다며 축복 기도를 청했다. 썩 마음에 내키는 조건은 아니었지만 둘이 너무나 사랑하고 있노라는 수줍은 고백에 축복 기도를 해 주었는데, 다음날 그 권사님이 찾아왔다.

이번에는 권사님이 그 둘 사이를 떼어놓을 수 있도록 기도해 달라고 했다. 자신의 딸이 가서 고생만 하고 살 것이 뻔하다는 이야기를 했다. 물질이 없는 것은 접어두고라도 현재 그 청년이 성실하지도 근면하지도 않기에 미래가 없다는 판단을 했다는 것이다. 그래서 그 둘을 떼어 놓을 기도를 청하러 서둘러 나를 찾아온 것이다.

참 아리송한 상황이었다. 그저 하나님의 뜻대로 모든 일이 평안하게 잘 마무리되고 화합하게 해 주실 것을 기도할 뿐이었다.

한동안 보이지 않아 조금은 궁금해하던 차에 어두운 얼굴을 한 그 권사님을 다시 뵈었다. 일 년이 채 되지 않는 그 시간 중에 딸은 시집을 갔고, 한 달도 되지 않아 그 남편은 현장에서 사고사를 당했다고 했다. 그 모든 것이 그때 결혼을 좀 더 치열하게 말리지 못한 자신의 죄라고 탓하며 우는 것이었다. 그 딸은 얼마 전 출산해서 지금은 시댁에 가 있다고 했다.

참 기막힌 이야기였다. 나도 딸을 가진 부모라 그 마음이 오죽하랴 싶어 가만히 기다렸다. 권사님은 자신의 딸과 태어난 손자를 어찌해야 하는지 의논하고 싶어 했다.

"어찌하고 싶으세요?"

"딸을 생각하면 손자를 본가에 떼 놓고 유학이라도 보내 새롭게 시작하도록 하고 싶네요. 그런데 그 핏덩이를 생각하면 제가 품고 살며 뒷바라지를 해 주어야 하지 않을까요?"

"어머니의 기준으로 보면 당연히 딸을 품어야 할 것입니다. 그리고 더 힘들고 아프기 전에 그 고통에서 벗어나게 해 주어야 할 것이고요. 지금 권사님은 어떤 기준에 맞춰야 할지 갈등하며 힘들어 하시는 것 같습니다. 결정의 기준점을 육적인 머리가 아닌 영적인 그리스도인의 자리에 두십시오. 그리고 그 기준점의 결정을 따르는 것이 지금 권사님의 마음을 가장 평안한 길로 안내할 것입니다."

내 권면을 듣고 긴 한숨을 내쉬던 권사님은 알겠노라며 일어서면서 이렇게 말했다.

"목사님, 사위가 그렇게 갈 줄 알았다면 결혼한다고 했을 때 선뜻 찬성해 줄 걸 그랬어요. 더 많이 안아주고 아들처럼 보듬어 주고 그럴 걸 그랬어요."

권사님의 힘없이 돌아가는 뒷모습을 보며 이젠 믿음의 어머니로 많은 아픔을 품고 많은 상처를 보듬을 것이라 생각했다. 그리고 또 예전처럼 그렇게 웃으며 다시 집회에 딸과 손자의 손을 잡고 나타날 것이라는 믿음이 생겼다.

우리는 참 많은 갈등과 결정과 아픔 속에 살아간다. 그러나 그 모든 것의 기준점이 내가 아닌 예수 그리스도의 기준점에 세워진다면 조금은 더 쉽고 평안하게 우리의 사명을 잘 감당할 수 있을 것이다.

본질의 중요성

　우리는 하룻밤만 지나도 쏟아져 나온 정보와 지식들을 소화시키기 힘들 정도의 시대를 살고 있다. 쉴 새 없이 변하고 더해지는 지식과 정보들 사이에서 사람들은 자기 자신을 보완하기도 하고 발전시키기도 한다. 반대로 그 발 빠름에 맞추지 못하는 부류들은 점점 소외되고 좌절감을 느끼기도 한다.

　우리 시절에는 어르신들만의 삶의 방식이나 생활의 지혜 등을 겸허하게 배우고 묵묵히 그들을 뒤따르곤 했다. 하지만 인터넷 검색창에 클릭 한 번이면 소화할 수도 없는 방대한 정보가 쏟아지는 지금은 연령의 차이나 연륜이 더는 큰 무게가 되지 못한다.

　과정을 단축하고 또 단축하는 것이 큰 기술로 인정받고, 축소하고 또 축소하여 저장하는 것이 능력이 되어버린 이 시대를 가만히 살펴보노라면, 많은 것을 얻었음에도 많은 것이 가벼워진 느낌을 받는다. 넘쳐나는 정보가 가득한 젊은이들에게서 왜 우리 시대의 느렸지만 진중했던 삶의 흔적들은 찾아보기 힘든 것인가?

옛날 청춘들은 시대의 아픔에 동요했고 시대의 요구에 행동했다. 지금 젊음들은 그들의 청춘에 반응하고 스포츠와 문화에 열광한다. 물론 우리 시대와는 비교할 수 없을 정도로 시대의 요구에 발맞추고 자기 관리가 철저한 것은 분명 부럽고 배울 만하다.

하지만 인간은 인간다워야 아름답다. 그 시대와 연령에 맞는 정서가 충실히 쌓이고 이루어져야 진정 빛날 수 있다. 밖으로 보이는 화려함은 필요 없다. 그 가슴 속 깊이 얼마만큼의 자기 성찰과 자기애, 자존감이 강하게 자리 잡았는가가 중요하다. 시련이라는 바람이 불고 환란이라는 태풍이 몰려올 때 본질의 중요성은 나타난다.

다섯 살 된 손자가 천자문을 공부한다고 했을 때 기특하고 반가운 마음과 동시에 마음속에 염려가 다가왔다. 다섯 살 아이에게는 그 나이에 맞는 놀이가 있다. 그 놀이를 통해 아이가 관계를 배우고 협동심, 승부욕 등을 습득해 가야 하기 때문이다.

시간을 내어 딸아이에게 전화를 걸었다. 그리고 아이가 공부하고 성취감을 얻었을 때 더 기뻐하며 반응을 한 것은 아니냐 물었다. 딸아이는 무슨 영문인지 몰라 잠깐 머뭇거리다 그랬던 것 같다고 했다. 한참 동안 염려스러운 마음에 이것저것 잔소리를 했다. 아이의 학습욕구를 저버리라는 것이 아니라 그 나이에 놓치지 말아야 하는 감성과 중심을 살피라고 말해 주었다.

우리의 믿음도 마찬가지다. 남에게 보이는 예배나 신앙생활보다는 나 자신의 중심에 있는 본질, 그 자체에 관심을 두어야 한다. 어떤 예배 형식이 유행인지 어떤 소모임과 기도모임이 더 세련되었는지 논하는 것보다 조금은 더디고 불편하더라도 내 중심의 본질에 더욱 귀 기울이고 정성을 들여야 할 것이다.

우리의 본질은 환란과 상처 가운데 빛을 발하고 상처를 이겨낸 진주처럼 이 세상에 하나님의 살아 계심을 나타낼 수 있기 때문이다.

살아내는가? 살아가고 있는가?

목회자의 자리가 참 힘들고 버거울 때가 있다. 그 중 가장 큰 어려움은 바로 힘들고 아픈 이들을 더 많이 보아야 할 때다. 인생이 힘들 때 내게 찾아와 위로를 받고자 하는 이들을 보면 이제 좀 무던하고 담담해지면 좋으련만 늘 마음이 어렵게 느껴진다. 나이가 들어서인지 모르겠지만 찾아오는 이들이 딸 같고, 동기 같고, 살붙이들 같아서 눈물이 자꾸 앞선다. 그런 마음을 감추기 위해 서둘러 기도하고는 돌아앉아 삶에 대해 생각해본다.

산다는 것은 어떤 의미인가? 어떤 이에게는 진취적인 이상을 실현시키는 과정일 것이고, 어떤 이에게는 말 그대로 어쩔 수 없이 살아가야 하는 시간일 것이다.

우리는 부름을 받기 전에는 누구나 이 땅에 남아 있어야 한다. 그렇다면 지금 우리의 발걸음이 '살아내는 것'인지 '살아가고 있는 것'인지에 대해 생각해보아야 한다.

아무런 준비도 없는데 누군가 와서 "왜 사세요?" 하고 묻는다면 어떤 대답을 할 수 있겠는가? 아이 때문에? 남편 때문에? 무엇 때문에 살아간다는 말을 하겠는가? 아니면 무슨 말을 해야 할지 몰라 자꾸 망설이게 되는가? 그저 실없이 "살아야 하니까!"라는 대답이 나오는가?

이 질문에 대해 스스로 한 답을 가지고 다시 곰곰이 생각해보라. 그리고 나 자신이 살아가고 있는지 살아내고 있는지에 대해 답을 또다시 찾아내기 바란다. 누군가 나에게 같은 질문을 한다면 당당하게 말하고 싶다.

"사명 때문에 삽니다."

나에게는 목표가 있다. 추상적이지 않고 남의 이야기를 흉내 내지 않는, 나만의 명확한 목표와 약속이 있다. 그것은 내게 주신 사명을 감당하는 것이다. 그래서 나는 살아간다. 또한 살아낸다.

이 세상을 살아가는 것은 누구에게나 녹록치 않다. 나보다 저 사람은 더 살만해 보이고 내가 저 사람보다는 더 쾌적한 삶을 살아가는 것 같은 비교는 필요 없다. 누구에게나 아픔은 아프고 슬픔은 슬픈 것이다. 다른 이들과 견주기에는 우리가 살아가는 시간이 참으로 빠르고 중하다. 자신이 살아가는 데 문제점과 해결책은 그 누구보다 본인이 잘 알고 있다.

삶에서 어려움을 만날 때, 뜻하지 않은 질병으로 생각지 못한 고난이 닥칠 때 흔들리지 말라. 사명이 있고 목표를 가진 사람은 그 어떤 어둠도 이겨낼 수 있다.

터널의 끝을 아는 사람은 부정의 어둠도 바늘 같은 하나의 희망으로 바꿀 수 있다.

오늘 하루는 어떠했는가? 살만했는가? 아니면 죽지 못해 살아냈는가?

이중생활

　이중생활, 이 말을 들으면 스파이 영화가 떠오른다. 아주 특별한 사람들이 특정의 목적을 가지고 지켜내는 은밀한 생활, 우리는 그 정도를 이중생활이라 알고 있다.
　하지만 나는 이런 이중생활을 아주 흔하게 본다. 바로 우리 주위의 그리스도인들 사이에서도 발견한다. 아주 안타깝고 슬픈 일이다.
　불완전한 우리의 본성으로 신앙의 완벽을 지켜내고 이 세상을 살아간다는 것은 애당초 있을 수 없는 일이기에 우리의 연약함을 두고 하는 말은 아니다.
　우리는 알고 있다. 신앙의 이중생활이 무엇인지 말이다. 우리의 중심은 아무도 모르게 조용히 인정하고 있다. 우리의 은밀한 이중생활을 말이다. 우리는 아가페의 사랑을 말하고 결단했었다. 값없이 받은 사랑을 값없이 나누겠노라고 결단했었다. 그런데 지금 우리는 어떤 삶을 살아가고 있는가?

받는 것보다 더 주면 억울하고, 준 사랑보다 돌아오는 사랑이 적으면 또 원망한다. 이해하지 못하는 나의 편협함을 탓하기보다 다른 이에게 이해받지 못하는 상황에 짜증을 낸다. 입으로 내는 찬양에 더 힘을 기울이고 사실 내 삶에서 울려야 하는 하나님을 향한 찬양은 생각하지도 않았다.

다른 이에게 비추어지는 삶의 모습을 신경 쓰고 치장하느라 정작 내 영적인 삶은 궁핍함을 넘어 허덕이는 갈증에 방치하고 있는 것은 아닌가? 참 알 수 없다. 왜 우리는 이중생활이라는 아슬아슬하고도 특수한 일들을 힘들어하지 않고 매일 겪어나가고 있는 것인가?

값없이 받은 사랑을 단 한 번이라도 값없이, 자존심의 유무와 상관없이 주었던 적이 있는가? 일흔 번은 아니더라도 단 한 번이라도 먼저 화해의 손길을 내민 적은 있는가? 신상품이나 할인정보에 민감한 것 반만이라도 하나님의 사역에 무엇이 필요한지 어떤 필요를 채워야 할지 살펴보고 행동한 적은 있는가?

지금 즉시 아슬아슬하고도 옳지 않은 이중생활을 정리해야 한다. 버리지 못함이 아니라 버리지 않는 것들을 과감히 내려놓아야 한다. 하지 못함이 아니라 하지 않는 것임을 인정해야 한다. 이중생활은 선택이 아닌 결단의 문제고 행함의 문제다.

은혜를 긷다

지은이 윤호균

2017년 1월 2일 1판 1쇄 펴냄

펴낸곳	도서출판 예수전도단
출판 등록	1989년 2월 24일 (제2-761호)
주소	경기도 고양시 일산동구 호수로 340-11, 301호 (백석동)
전화	031-908-9987 · **팩스** 031-908-9986
전자우편	publ@ywam.co.kr
홈페이지	www.ywampubl.com
임프린트	와웸퍼블

ISBN 978-89-5536-525-2
　　　978-89-5536-524-5 (세트)

와웸퍼블은 도서출판 예수전도단의 임프린트입니다.
책값은 뒤표지에 있습니다. 잘못된 책은 바꾸어 드립니다.